U0813842

道氏理论

（珍藏版）

［美］罗伯特·雷亚　著

刘志刚　译

地震出版社

Seismological Press

图书在版编目（CIP）数据

道氏理论：珍藏版/（美）雷亚（Rhea，R.）著；刘志刚译．
—2版．—北京：地震出版社，2013.1（2024.11重印）
ISBN 978-7-5028-4133-1

Ⅰ.①道…　Ⅱ.①雷…②刘…　Ⅲ.①股票投资—研究
Ⅳ.①F830.91

中国版本图书馆CIP数据核字（2012）第203945号

地震版　XM5906

道氏理论（珍藏版）
［美］罗伯特·雷亚　著
刘志刚　译
责任编辑：朱　叶
责任校对：孔景宽

出版发行：地震出版社
北京市海淀区民族大学南路9号　　邮编：100081
发行部：68423031　68467993　　传真：88421706
门市部：68467991　　传真：68467991
总编室：68462709　68423029　　传真：68455221
证券图书事业部：68426052　68470332
http：//seismologicalpress. com
E-mail：zqbj68426052@163. com
经销：全国各地新华书店
印刷：大厂回族自治县德诚印务有限公司

版（印）次：2013年1月第二版　2024年11月第12次印刷
开本：787×1092　1/16
字数：139千字
印张：11.5
书号：ISBN 978-7-5028-4133-1/F（4810）
定价：32.00元

序　　言

人们所提及的道氏理论，实际上是已故的查尔斯·H·道和威廉·彼得·汉密尔顿的市场智慧的结晶。

道氏是道·琼斯公司的创办人之一。他除了向全美提供金融新闻资讯服务以外，还出版《华尔街日报》，并且担任其主编。

汉密尔顿辞世于1929年，在此之前的20年间，他为《华尔街日报》做出了辉煌卓越的编辑工作。

早年的汉密尔顿作为一名记者，曾经与道氏密切合作。

在30年前很难让人意识到，道氏提出了关于股票市场的全新理念：在股票市场中，个股价格波动的背后，实际上总是隐藏着市场整体趋势的变化。直到那时，就是那些思考过这类问题的人也普遍认定，股票市场的个股价格波动，是相互独立、互不关联，是由其特定的个股公司状况，以及当时参与这些个股投机人士的市场态度所决定的。

汉密尔顿发展了他称之为道氏理论的“含义”。对汉密尔顿来说，股票市场是商业的晴雨表。而且常常能预示自身的未来可能的发展趋势。汉密尔顿展现出了阅读这个晴雨表的出色技巧，并时常把他对股市晴雨表的解读及其理由写成文章，以“股市价格运动”的社论标题刊登发表在《华尔街日报》上。

道氏自己对股票市场理论的表述，仅集中表现在1900～1902年间所写的若干社论文章里。

在1922年，汉密尔顿出版了《股市晴雨表》。这是一本基于查尔斯·H·道的股票市场价格运动的理论进行市场预测价值研究的书籍。汉密尔顿的理论源泉就是《股市晴雨表》这本书和他的大量报刊评论。

雷亚先生通过对道氏和汉密尔顿所写文章的仔细认真研究（分析了252篇报刊评论），对阐明道氏理论，使其能为个人投资者或投机者服务，做出了宝贵的贡献。

休·班克罗夫特

1932年5月21日，波士顿

前　　言

坚信道氏理论是预测股票市场价格运动的唯一合理的、确定的方法，是我写这本道氏理论书籍的唯一初衷。

像我这样一个卧床多年的人，就有了别人所难得的机会去学习和做研究。如果一个人不利用这种特有的机会，把它当成是一种幸运的人士才能够享有的快乐补偿，他就会丧失生命的乐趣。

10多年来，我所做的一切商业事务都是在床上进行的。我的唯一消遣就是研究商业经济，尤其是对商业趋势和股票市场趋势的研究。也许是由于道氏理论，或是纯属幸运，我在1921年适时地买进了一些股票；而在1929年，股市的最后上冲猛涨之时，我没有持有任何股票。并且，还是由于道氏理论或幸运，我在股市崩盘之后两年里，持有少量比例的放空仓位。所以，我的研究得到了回报。如果我在努力实践道氏理论的同时，能对道氏理论进行阐述解说，也许会对其他人有所帮助，至少，我的愿望是如此。

为了我自己、我的一群朋友，也为了认真研究市场的人们的使用，我负责制作了一套道·琼斯股票日平均指数的走势图，在走势图中还同时记录了纽约股票交易所的股票日成交量。由于少量出版这套图表会使成本过高，所以我进行了比较大量的印刷，结果销售情况让人非常满意。

在这套图表的引言部分，我对道氏理论，和已故的《华尔街日报》的编辑威廉·彼得·汉密尔顿的文章，进行了一些评论，而这些评论的言语，立刻带来了意想不到的结果，我竟然收到了500多封信件，询问相关的内容。所以，本书正是为那些来信咨询的人们所写，使其能从我对道氏理论的研究中获益。其中有很多人现在已经成为我的朋友了。

批评家们毫无疑问会找出措辞用语的缺陷和主题编排的不足，许多人也许会不赞同书中所选择的定义和得出的结论。可是，对那些能怀有体谅的心情、理解作者的能力有限来阅读本书的人，或许就能从书中发现，且在未来证实对自己交易非常有助益的东西。正是为了这些人，我才写出这本研究的心得。

在这里，我要非常感谢休·班克罗夫特为本书作序言，及其作为伟大的金融出版物领袖——《华尔街日报》和《巴伦周刊》，授权同意使用道·琼斯股票日平均指数和所刊登的报刊资料。

罗伯特·雷亚

1932年3月10日

科罗拉多州，斯普林斯

目　　录

第1章

道氏理论的演变

道氏
理论

查尔斯·H·道是全美最出色的金融通讯社 DK“道·琼斯公司”的创始人，他还是《华尔街日报》的拥有者之一。道氏于 1902 年辞世，在此之前，他一直在《华尔街日报》从事编辑工作。道氏在逝世之前的几年里，写过一些涉及股票市场投机的评论文章，这些评论是我们仅有的道氏个人观察股票市场中重复出现特征的记录。道氏的这些观察，是基于当时包含在道·琼斯平均价格指数内的铁路和工业股票的日平均价格指数运动的变化①。

道氏本人并没有把他自己对股票市场观察的方法称之为道氏理论。道氏理论的定名，是由道氏的朋友 S·A·尼尔森在 1902 年所著的《股票投机常识》中首先提出的。在此书中，尼尔森首次试图从对股票投机的实用性角度出发，来阐明道氏的方法。

当今，许多成功的人士都认为，道·琼斯铁路和工业股票日平均价格指数是至今为止所发明的用来揭示股票价格趋势和经济发展趋势最可信赖的指标。他们通常是把根据股票的平均价格指数来进行市场推断的方法，称做为“道氏理论”。

1897 年之前，道·琼斯公司还只有一种股票平均价格指

① 到 1929 年末，才有了道·琼斯公用事业股票平均价格指数。然后此平均指数又被追溯到 1929 年初。

数，而从 1897 年年初开始，他们就把这一种股票平均价格指数划分为了铁路和工业两种股票平均价格指数。在道氏撰写股票市场观察的文章时，他手上最多只有 5 年的两种股票平均价格指数的记录资料，而利用这么短时间的两种股票平均价格指数记录，道氏就能创建出实用的股票价格运动的理论基础，实属非常了不起。虽然说道氏当时提出的一些结论后来证实是错误的，可是其基本原理的正确性，却经受住了在道氏辞世后 28 年的股票市场运动的考验。

威廉·彼得·汉密尔顿作为道氏的助手，通过时常发表一些对股票市场的预测文章，延续了对道氏理论的研究和阐述。总的来讲，汉密尔顿对股票市场的观察和预测是准确的，他的文章也很快就成了《华尔街日报》的最热门的卖点之一，并且一直持续到 1929 年 12 月汉密尔顿去世。

在 1922 年，汉密尔顿撰写了书籍《股市晴雨表》①。没有了报刊评论上的篇幅局限，在这本书中，汉密尔顿对道氏理论进行了更为详细的解释。这本取得真正成功的书现在已是绝版。此书在当时激起了暴风骤雨般的争论，其深远的影响至今还能在媒体的金融栏目中时常看到。引发争议的最主要原因之一，是那些宣称有能力旨在利用详尽的统计学研究就能预测股市趋势的人，普遍不愿意承认道氏理论的实用性。这些批评家们通常完全不了解这具有宝贵价值和实效的道氏理论的内在基本原理。

自 1902 年起，汽车的发展和道氏理论的发展有某种相似性。对于汽车，在 1902 年之后，工程师们改进并提高了

---

① 在对《股市晴雨表》予以充分肯定的首批经济学家中，英国的经济学家位列其中，他们认为《股市晴雨表》对股票市场投机领域做出了宝贵的贡献。也许正因为如此，汉密尔顿在 1923 年被选举为英国皇家统计协会会员。

汽车的发动机功率，实现了可拆卸的车轮轮辋，给汽车安装了电灯，配备了自动的启动点火系统，还做了其他的必要改进，从而最终使汽车成为人们可靠、便利的运输工具。与此相似，汉密尔顿在1902～1929年之间，对道氏理论进行了实验和改进，由于有了多年的平均价格指数发展变化的记录，汉密尔顿为我们提供了一种明确并具有罕见可靠性的方法，用于预测股票价格趋势和经济发展趋势。

从过去的经济记录中抽取大量的数据，然后综合到一起算出一种指数，借此来可靠地预测其发展的趋势，这本身并不是一项多么非凡的工作。问题是所有这样的方法，都是与过去打交道；出于需要，一定在很大程度上是基于历史会不断重复出现的假设。所以，这样的指数，其价值若要为人们所接受，必须经过和实际状况的运动发展进行多年的对比验证。道氏理论经受住了这样的考验。

道氏理论提供了一种可以自我调整的预测方法，其有效性已经为30多年的时间所证明。其证据就在于汉密尔顿多年来应用道氏理论的成功：他刊登在《华尔街日报》上预测股市的文章，其准确性无懈可击。遗憾的是，汉密尔顿虚怀若谷，没有为证明他应用道氏理论的可靠性，而把他发表在报刊上的出色地应用道氏理论，精彩、条理分明、缜密推断的大量预测文章，重新汇集成册再版。

本书试图对道氏理论进行归纳，简化成手册的形式，以期对希望利用道氏理论进行投机的人有所帮助。相对而言，作者本身的思想和言论只占全书很小的篇幅。所有汉密尔顿所写的围绕平均价格指数的相关文章均被收入并进行了认真研究。而且，书中尽量引述汉密尔顿的原话。所以，把这本书看成是为方便研究学习平均价格指数理论，而对汉密尔顿的相关言论进行分类整理的文摘书是恰当的。除非有特别注明，书中引用的言语全部都出自于汉密尔顿刊登在《华尔街日报》和《巴伦周刊》上的文章。

道氏理论的作用，随着时间的推移与日俱增。与道氏只有几年的股市记录数据相比，我们有长达35年的记录资料，这无疑可以让我们进行更加广泛的研究。而从现在起再过20年，那时候的人们对股市的研究就比我们现在具有更大的优势。道氏本人总是避免做出确定的股市预测，他的谨慎多半是由于他对自己理论没有太多的证据来证明其正确性。随着时间的推移，汉密尔顿利用道氏理论预测股市的准确性不断提高。尽管在1926年汉密尔顿的预测出现了一次严重错误，关于这点我们以后再加以解释，不过，这一错误实际上真正完善了对道氏理论应用的总的原则，证明了道氏理论不是永远正确无误的。事实上，汉密尔顿在对股票市场的牛市判断上，每次预测成功时，都常常强调道氏理论也会出错。

道氏理论的基本原理很简单，全部来自实际经验，其理论基础全部是基于道氏对他所发明创造的道·琼斯股票平均价格指数进行研究的所得。在1900～1902年，道氏满足于在《华尔街日报》上发表一系列的以股市投机为题的股市观察评论文章，而从未试图对其理论进行条理化的定义。此后，汉密尔顿以道氏的文章为基础，以实际应用的方式运用道氏的观察方法，对股票市场的价格运动进行预测。没有几年，汉密尔顿的文章不但成了人们预计股市未来趋势的可靠指南，汉密尔顿文章的读者，还逐渐精通了依据道氏理论而来的股票平均价格指数的内涵。

就所写股市评论文章的数量而论，汉密尔顿远远胜于道氏；就勇气而言，道氏从未利用他的股市观察来明确预测股市趋势，然而汉密尔顿却有勇气做这方面的尝试努力，所以，在这里我们不准备研究道氏的文章。可是，道氏的贡献不容置疑，而且要永远牢记。汉密尔顿所应用理论的基本原理是由其前辈所创建的，事实上，汉密尔顿也从来没有让他的读者们忘记这一点。类似如下的句子会经常出现在汉密尔顿预测文章的开端："根据已故的查尔斯·H·道的著名的方法，利用道·琼斯股票平均价格指数对股票市场的运动进行分析观察……"

人们还应该记住，《华尔街日报》从未沦落品格，成为提供投机内幕消息的庸俗报刊。对于汉密尔顿而言，相对于专业的"投资顾问"头衔来讲，他更是一位伟大的报业编辑。当汉密尔顿清楚地看出股票平均指数对股市未来趋势给出了很明显的指示时，他并不是每次都试图写出预测的文章。汉密尔顿头脑敏捷，经常会关注到其他实时性的事务，以至于无论从时间上还是个人喜好上，汉密尔顿都不能一直盯着股票平均价格指数的运动变化。还有，在某种程度上我们知道，有时汉密尔顿因为厌恶那些无耻的咨询服务机构利用他的股市预测，会很长时间拒绝写出他从市场运动中推论出的市场观点。

尽管汉密尔顿意识到道氏理论有明显的局限性，可同时，为了让学习者充分地理解汉密尔顿是如何完全相信股票平均价格指数作为预测工具的有效性，下面汇集和引用了汉密尔顿在超过25年间所写的报刊文章选段：

"研究股票平均价格指数的理论基础是'道氏理论'，道氏理论是由已故的查尔斯·H·道提出的，他也是这份报纸的缔造者。已出版的关于道氏理论的书籍现在似乎已经绝版，但是，简单来讲，道氏理论是这样的：在任何股票交易市场中，都会同时存在着作用、反作用和相互作用这三种明确的价格运动形式。首先在表面上看到的是股市日间的价格波动，其次是比较短暂的价格运动，像在牛市中的回调和熊市中超卖后的快速反弹，最后，也是主要的价格运动，它能在历时数月的时间里决定着股票市场的趋势，也可以说是股市真正主要的运动。

“研究者对股票平均价格指数进行分析时，内心要铭记一些前提条件：即研究中所得出的带有普遍性的结论，对股市的日间波动是没有价值的，对于处于第二位的次级反应运动也是不可靠的。但是，对市场的主要运动可能是有帮助的，而且对总的经济来讲具有真正晴雨表的价值。事实上可以这样说，在注意了这些前提条件下，就研究股市价格运动的记录而言，或出版的专栏文章，尤其是在第一次世界大战前的一些文章，其正确的时候远远多于错误的时候。而对于那些错误而言，多半是脱离了道氏正确的、科学的法则。”(1919 年 8 月 8 日)

“一位热心的读者问，用研究工业和铁路股票平均价格指数前期运动表现的方法，来估计股票市场的趋势，这不是一种经验为主的方法吗？这当然是以经验为主的方法，可是又不完全是。而且，这种方法决不是江湖骗术。从大量记录的实例中得出的任何结论，都会受到这样的质询，关键是要看这种指示方法的科学准确性。

“道氏理论承认其有很大的人为性和明显的局限性，但是，尽管如此，可以诚实地宣称，在预测的准确程度上，还没有记录表明有其他的发明方法可与之相比。”(《股市晴雨表》)

“一些学习道氏理论三种运动的人，坚持要求道氏理论的三种市场运动要具有一定程度数学上的、甚至于绘图上的精确性，而这种条件是道氏理论所不具有、也不需要的。”(1922 年 10 月 18 日)

“当然，他们能够发现有很多的价格运动是晴雨表所不能预测的，尤其是处于第二位的次级反应运动。这又能怎么样呢？人类是不可能造出按他们要求的那样的工具和仪器的。而且，我认为处在现阶段的人类精神发展状态中，我们不会相信我们当中的任何人会达到这样的确定性。让世界毁灭的一种方法，就是让一些彻头彻尾的心怀好意的利他主义者从造物主手中接管地球。

“股票市场晴雨表并不是完美无缺，更确切地说，对于这门尚未成熟的解读科学，还远远没有达到完美的程度。

“气象局发布的气象数据具有相当高的价值。可是它们却不试图去预测会有一个干旱的夏季还是一个温暖的冬季。你和我从个人的经验中都知道，纽约的天气一月会冷，七月份会热。

“支配股票市场运动的规律，在伦敦股票交易所、巴黎证券交易所，甚至柏林证券交易所都会同样有效。但是，我们可以更进一步讲，即使这些股票交易所和我们的交易所都被彻底摧毁，不存在了，其支配规律所含的基本原理也还是真实可靠地存在着。随着任何巨额资本的自由市场的重新建立，它们又会重新起作用，这一切都是自动、必然会发生的。据我所知，伦敦的金融出版物还没有一个与道·琼斯平均价格指数相对应的指数记录。但是，如果相应的数据存在的话，对伦敦的股票市场的预测会和纽约的股票市场一样有效。

“道氏理论汲取了一些循环或者是系统的观念，富有趣味性和理由充分的推理，以及流行的理论。道氏理论吸收了这些可以利用的因素，以及其他可能收集到的信息资料片段。股票市场的运动反映出了全部可获得的真正知识。

“……作为一个有效的假说，道氏理论这种注重实效的原则，存在于人类的本性之中。追求成功与富足会促使人们行为极端化，而极端行为的后果却是悔恨与消沉。在经历了真正的金融大恐慌黑暗之后，工人们会庆幸有工作所得，同时，还会从微薄的工资中拿出钱来进行点滴的储蓄；而资本家也会满足于微利和快速的资金回报。

“已故的美国参议院议员斯本纳，在阅读《华尔街日报》的一篇评论文章时说：‘倾听市场冷酷无情的裁决吧!’它看到了那场裁决的冷酷无情和精确。因为这裁决是，也必须是以全部的证据为基础的，即使这些证据是由无意识的和不情愿的证人所提供的。”（《股市晴雨表》）

第2章

汉密尔顿阐述的道氏理论

道氏

理论

就像潮汐的记录对航行的船长是必须的一样，道·琼斯平均价格指数的以往运动表现对股票交易者来讲也是如此。可是也只有在将 35 年多的平均价格指数简化成走势图时，对其变化的研究才便利许多。再换一种形象的说法，平均价格指数的日走势图对于交易者的用处，就像航海者手中的航海图一样。但是，航海者还发现，安全领航员的晴雨表是必不可少的航行仪器。查尔斯·H·道和威廉·彼得·汉密尔顿给出了能预测股市天气是晴好、风雨交加还是没有变化的晴雨表，这个晴雨表叫做道氏理论。对于交易者而言，具备能正确阅读道氏理论这个股市晴雨表的能力，就像航行的船长要理解他的晴雨表一样至关重要。

道·琼斯工业和铁路股票的日收盘价格的平均指数，以及纽约股票交易所的日成交量，是希望利用道氏理论帮助预测股票价格趋势和经济趋势的学习者们全部所需要的资料。

本章中，作者定义了一些术语并对道氏理论的内容进行了分类。这在过去证明是十分有帮助的。因为不论道氏还是汉密尔顿，都没有对道氏理论的相关内容下过确切定义，现在也许就是该冒昧地做这件事的时候了。作者在做这项艰巨的任务之前，已经拥有了 10 多年利用平均价格指数进行股票实际交易的经验，多年的对道氏和汉密尔顿的文章的研究，并且与全美各地的道氏理论的研究者们交换了观点和经验，他们中的许多人都是成功的交易者。另外，为了研究平均价格指数的运动，还如实地画出了上百张走势图。汉密尔顿关于价格运动的每一个论断，都对照平均价格指数走势图进行了测试。事实上，为了阐明道氏理论，他已经进行了10多年的不懈努力来精选和整理数据（道氏理论已不是道氏1902年去世时的道氏理论，而是经过汉密尔顿的应用和提炼所发展的道氏理论）。

因为在阐明道氏理论的各部分时，都会发现有例外，为使学习者通晓这类问题，比较好的方法是研究平均价格指数的走势图，找出例外的位置和因为过分自信地认为道氏理论是一贯正确，不会出错，而出现的市场操作错误的时刻。通过这样的过程，经过适当时期的学习，学习者就会培养出平均价格指数阅读技巧的能力。而这种能力对于交易者来讲就意味着资金上的收益——尽管阅读平均价格指数是实践性的技巧，有时会有错误发生。这点和外科医学有些类似，一个优秀的外科医生有时也会做出错误的诊断结论。

也许对于应用道氏理论进行股市投机的最大危险性是存在这样一个事实：初学者有时会因为新人的运气。而得出几次正确的结论，于是就认为他已经发现了击败股市的确定方法，结果错误地解读了市场信号。或者更糟的是在错误的时候，他也许碰对了。任何这些情况发生的时候，道氏理论总会遭到指责，而实际上却是由于交易者没有耐心所致。

道氏理论的每一部分和在这里定义的术语，都会在后续的章节中进行详细的讨论。如果有些问题让人茫然不解，读者应该明白，道氏理论就像代数一样，只是肤浅地阅读教科书是不会得到理解的。

要想成功地利用道氏理论进行股市投机，必须毫无异议地接受如下一些假设，就是：

市场操纵：市场操纵对于平均价格指数的日间波动是可

能的，对于第二级的反应运动，市场操纵的影响就比较有限了，但是股市的主要趋势是决不会被操纵的。

股市的平均价格指数消溶了一切因素：道·琼斯铁路和工业股票日收盘价格的平均指数，是全部的希望、失望和那些知道一些金融事务的每一个人的知识的综合性指数。正因为如此，即将发生的事件的影响（不包括天灾人祸），平均价格指数总是会将其消溶在它的运动中。平均价格指数会对像火灾和地震性的灾难进行快速评估。

道氏理论并非不出错：道氏理论并不是击败市场的不败系统。要使道氏理论成功地对投机有所帮助，需要严肃认真地学习研究和没有偏见地收集证据资料，决不能把愿望强加于思想之中。

围绕道氏理论提出的这些基本要素，如果不被当做数学定理那样接受的话，那么在进一步的学习中，不是误入歧途，就是会感到困惑不解。

从道氏理论中提炼出明确的定理是一项艰巨的任务，可是这项艰巨的工作在 1925 年完成了。接下来的研究和这些定理在实际交易中的应用，并不表明现在对这些定理进行改变是明智之举。

道氏的三种运动：股票的平均价格指数由三种运动构成。也许在同一个时间中就会包含这三种运动。其中首要的，也是最为重要的就是主要趋势运动：股市整体向上或向下的运动，也就是人们众所周知的牛市或熊市，其持续时间也许会是几年。处于第二位的，也是最具造成迷惑假象的运动，就是次一级的反应运动：对于主要趋势是牛市的市场中，次一级的反应运动就是重要回调的下跌运动；而在主要趋势是熊市的市场中，次一级的反应运动就是反弹的上升运动。这些反应运动通常持续 3 周到数月。处于第三位的，通常也是不重要的运动，就是平均指数的日间波动。

主要运动：主要运动就是股市整体的基本趋势，也就是广为人知的牛市或熊市，经历的时间从少于一年到几年的时间不等。正确地确定主要运动的方向是成功投机的最重要的因素。现在还没有方法来预测一个主要趋势的持续时间的长短。

熊市：主要趋势是熊市的市场，它是由长期的向下运动和重要的反弹上升所组成的。熊市产生的原因是在于各种的经济弊端，并且只有当那些发生的最糟的事情已经被股票价格彻底消化掉了，熊市才会结束。熊市有三个主要阶段：第一阶段，是对那些在抬高价格之后所购买的股票所寄托希望的破灭；第二阶段，是由于商业的萧条和收入的减少而导致的卖出阶段；第三个阶段，是无视股票本身的价值，优质有价证券被廉价抛售阶段，进行这种狂售的人们，是为了得到现金，一定要把自己的一部分资产进行变现的人。

牛市：主要趋势是牛市的市场，它是由股市整体向上运动，或被一些次级的反应回调运动打断，时间平均长达两年以上。在牛市期间，由于商业环境的改善和股市投机活动的增加，使得来自投资和投机的购买股票的需求量加大，从而促使股票价格攀升。牛市有三个阶段：第一阶段，是人们重新恢复对经济未来发展的信心；第二阶段，是股票价格对已知的公司赢利的改善与提高所做出的价格反映；第三阶段，是投机猖獗、通货膨胀显著阶段，股票靠人们的希望和预期支撑价格飞涨。

次级反应运动：为便于讨论，我们把在牛市中的重大下跌运动，或者在熊市中的重要上升运动，认为是次级反应运动。次级运动的持续时间通常是 3 周到数月不等。这种间歇性的次级反应运动的价格回调，一般会回调到其前期从前一个次级反应运动结束开始的主要趋势运动价格变化行程的33%～66%之间。这些次级的反应运动常常让人们错误地以为是主要趋势发生了改变，明显的原因在于，牛市第一阶段的价格运动，与后来被证实只是熊市中的次级反应运动，总是具有巧合的相似性。反过来讲，在牛市中，对于前期高点被达到之后的回调运动和熊市第一阶段的价格运动，也总是具有巧合的相似性。

日间波动：仅仅依据一天的平均价格指数运动来进行推论，几乎肯定是会得出误导性的结论。只有市场形成了“线态窄幅区间盘整”形态后，如此推论才有一些判断价值。无论如何，一定要记录和研究每天的平均价格指数的运动，因为一系列的日走势图，总是最终会形成易于识别的、具有市场预测价值的形态。

两个平均价格指数必须相互确认：铁路和工业股票的平均价格指数运动一定要永远一并同时考虑，两种平均价格指数必须相互确认。只有在这个条件下，才有可能得出可靠的市场结论。如果只是根据其中之一的平均价格指数的表现做出的结论，而没有得到另一个平均价格指数的确认，这样的结论几乎肯定会是误导性结论。

确定趋势：如果上升浪能连续不断地突破前期的高点，而随后的下跌能在前期低点之上结束，这市场就是牛市趋势。反之，若上升浪不能超过前期的高点，而随后的下跌的低点却比前期的低点低，这市场就是熊市趋势。用这样的推理所得出的结论，在评估次级的反应运动时很有用，但这项推理规则最为重要的作用，是在预测主要趋势的重新开始、继续和改变。为了便于讨论，我们把在一天或多于一天的时间里，如果平均价格指数的反向运动超过了平均价格指数的3%，就把这样的运动看成是一个上升浪或下跌浪。这种运动，只有得到了两个平均价格指数在方向上的相互确认才可信。不过两个平均价格指数的确认，并不要求必须在同一天发生。

线态窄幅区间盘整：一个“线态窄幅区间盘整”的形态，一般持续2～3周，或者更长的时间。在此期间内，两个平均价格指数的价格变化处于大约5%的窄幅区间范围内。这样的运动表示市场在收集或者派发。如果两个平均价格指数同时向上突破“线态窄幅区间盘整”的区间，就表明市场是处在收集阶段，价格会走得更高；反之，如果同时向下突破“线态窄幅区间盘整”的区间，就表明市场是在派发，价格肯定会继续下跌。如果只是从一种平均价格指数的运动得出结论，却没有得到另一个平均价格指数的确认，所得结论一般是错误的。

成交量与价格运动的关系：当市场处于超买状态时，就会在上升中表现出呆滞乏力，而在下跌中表现出活跃的动力；反之，当市场处于超卖状态时，就会在下跌中表现呆滞乏力，而在上升中表现出活跃的动力。牛市会以市场中相对较低的成交量为开始，而以市场的过度活跃而告终。

双顶和双底：“双顶”和“双底”在价格运动的预测中价值不大。市场已经证明，其假象远比正确的时候多。

个股：对于活跃的和发行广泛的美国大公司的股票，一般会与平均价格指数同步地上升和下跌。可是，对于任何一只个股，其市场表现可能会与由多个公司所构成的股票平均价格指数有所不同。

第3章 市场操纵

道氏理论

市场操纵对于平均价格指数的日间波动是可能的，对于第二级的反应运动，市场操纵的影响就比较有限了，但是股市的主要趋势是决不会被操纵的。

汉密尔顿曾经频繁地论及股票市场的操纵问题。汉密尔顿认为，市场操纵对于股市的主要趋势来讲是微不足道的。有很多人也许会对此持有异议。可是有一点永远不要忘记，就是汉密尔顿产生其市场观点的背景：汉密尔顿是华尔街的交易老手们私交甚密的人，而且他花费了毕生时间与精力来收集与金融事件相关的事实。

下面的这些言论，是随意从汉密尔顿大量的评论文章中选取的片段，从这些言论中可以看出汉密尔顿对市场操纵的观点从来没有改变过：

“只有有限的股票也许会受到一时的操纵，从而可能会造成对实际状况的完全错误的观察。可是若对计算平均价格指数的全部 20 种活跃股票进行操纵，使其显示出重大的变化，来演绎出市场推论，这是不可能的事。”（1908 年 11 月 28 日）

“任何人都会承认，对于日间的市场波动，市场操纵是可能发生的，而对于短期的价格波段运动，操纵的影响就非常有限了，宏大的市场运动就是全世界金融利益的总合也操纵不了。”（1909 年 2 月 26 日）

“……股票市场本身比那些‘股票操纵集团’和‘了解

内幕的权威人士’的力量之和还要大。”（1922 年 5 月 8 日）

“一个最大、最具影响面、导致反对使用市场晴雨表的错误观念之一，就是相信市场操纵会造成股市运动的假象，而使其丧失权威性和启发性。作者做出如此声明，是基于与华尔街 22 年的真正亲密的关系之前，还与伦敦股票交易所、巴黎证券交易所关系密切，而且那些对 1895 年在约翰内斯堡投机猖獗、‘集团之间互斗’的金矿股票市场都有实际了解的人更有说服力了。对于所有这些经历，无论多有价值，回忆中没有一例是由于市场操纵造成的——无论是股票市场的主要趋势运动的推动还是发动。当然，如果不能证明所有的牛市和熊市从发展到结束的历程都是总的经济状况所造成的，这样的讨论就是徒劳无益的——尽管在市场主要趋势波段的最后阶段，总会有极端的过度投机和套现行为出现。”（《股市晴雨表》）

没有一种力量，即使是美国财政部和美国联邦储备体系联手的力量，可以操纵 40 种活跃的股票，或是导致股票价格发生不可忽视的变化。（1923 年 4 月 27 日）

一般的业余交易者都相信股票市场的趋势是受到一定的神秘“力量”的作用，这种信念是造成其亏损，仅次于缺乏耐心的第二大原因。业余交易者渴望读到消息贩子提供的内幕消息，或是不停地流览报纸，寻找他们认为会改变市场趋势的新闻消息。他们似乎没有意识到，对于确实重要的消息，等到刊登出来的时候，如果与市场的基本趋势有关，它的影响也早已被市场消化吸收掉了。

的确，小麦或者棉花价格的短期波动，会影响股票价格的日间运动，这是实情。还有，有时报纸的头版头条，被涉猎市场的人们理解为股市牛市或熊市的信号，于是蜂拥入市买进或卖出，这样就会在短期内影响或“操纵”股市。作为职业的投机者，总是做好推波助澜的准备，机会出现，即刻抓住，果断买进；而此时，那些可爱的业余人士，却只是小心翼翼地“买”了为数不多的一些股票。当这些可爱的业余人士决定增加他们的仓位，买进更多的股票时，职业投机人却开始出货了。随即市场的反应运动就此告一段落，市场的主要趋势又重新恢复运作。除非市场当时是处于超买或超卖，这种撰写金融消息的记者所热切赞同的“技术环境”能否只靠报纸头版头条的消息，就会引起股市的诸多反应，实在是个疑问。

那些相信主要趋势能被操纵的人，只要对这个问题做上几日的研究，毫无疑问会转变观念，确信这是不可能的。举例说明，1929年9月1日，在纽约股票交易所挂牌交易股票的总市值多过890亿美元。面对如此巨额的市值，即使想要增加其总市值的10%，想象一下得需要投入多么巨额的资金！

第4章

平均价格指数消溶一切

道·琼斯铁路和工业股票日收盘价格的平均指数，是全部的希望、失望和那些知道一些金融事务的每一个人知识的综合性指数。正因为如此，即将发生的事件的影响（不包括天灾人祸），平均价格指数总是会将其消溶在它的运动中。平均价格指数会对像火灾和地震这样的灾难进行快速评估。

每当研究市场的新手们聚在一起，几乎总会有人开始这样的争论：股票的价格变化是否消溶了不为投机者个人预测的事件。当然，对于理解道氏理论的研究者，肯定毫无疑问地“知道”事实就是如此。这一点是成功地应用道氏理论进行交易和投资的基本原理。那些否认这条基本原理的人，最好不要尝试在股市上应用道氏理论。

关于这个论点毋需作者多言，因为对于此点的看法，无论是道氏还是汉密尔顿，在他们长达 30 多年间所写的文章中，都有相关的、条理分明的论述段落。

“股票市场绝对反映了所有的人对国家商业经济的所知与了解，这一点就是重复讲多少次也不算过分。那些卖给农民农机具、卡车和肥料的公司，它们对农民情况的了解比农民自己还要清楚。那些满足严格的上市条件，股票在股票交易所上市的公司，差不多经营国家生产和消费的一切商品，诸如煤炭、焦炭、铁矿、生铁、钢坯和制造钟表弹簧等等，它们所有的知识都绝对不会有错地反映在证券的价格中。所有的银行都明了这些商品的交换和对产品的融资反映在股票

的价格上，并根据每一手的投资进行价格的调整，反映出投资量的大小。”(1921 年 10 月 4 日)

“……平均价格指数……消溶……活跃和沉闷，好消息和坏消息，农作物产量预测和政治上的可能事件，而事实上，这一切互相交错影响的结果就是：平均价格指数。正因为如此，平均价格指数才如此值得研究，并以此才有可能获得用其他方式所无法获得的、股市未来的价格运动的信息。”(1912 年 5 月 2 日)

“肤浅的市场观察者会不断吃惊地发现，股市并没有对突发的重要情况做出响应；似乎事件的刺激对市场而言，其影响太过模糊，以至于都难以追溯。有意或无意中，股市的价格运动是在反映未来，而不是反映过去。当将要发生的事件显示预兆时，这种预兆就会笼罩到纽约股票交易所。”(1911 年 3 月 27 日)

“股市晴雨表是公平的，因为构成它的每一笔买卖交易都是偏颇的。来自晴雨表的定论是全体参与买卖股票人们的意愿、冲动和希望的均衡结果。国家的整体经济必须也是必要地、正确地把所有人们的意见都一致地反映出来。这不像是一个不负责任充满争议的社团，而是像正在倾听的陪审团，其所有成员一起寻找所谓的‘市场的铁证’，这比律师和法官告诉他们的东西多得多。”(1926 年 3 月 29 日)

“市场不是根据众所周知的事情而交易的，而是根据那些能获得最佳信息的人们的预测来进行交易的。股票市场价格的每一个变动，总会在将来得到解释。而对于人们经常谈到的操纵行为，只是股票市场运动中微不足道的因素。”(1913 年 1 月 20 日)

下面是道氏在 1901 年所写的一篇评论文章中的片段摘录：

“股市不是像一个在风中四处飘飞的气球。总体而言，股市代表了具有远见的和消息灵通的人士通过严肃认真地周密思考，把股票的价格调整到现有价值，或者在不远的将来所期待的价值。那些伟大的交易者所思考的，不是一只股票的价格是否会高，而是考虑对于他们打算购买的资产的价值，是否能够在 6 个月以后，吸引投资者和投机者的参与，以比现在的价位高出 10～20 点的价格购买股票。”（1901 年 7 月 20 日）

“众人对任何事情所知的一切，即使是与金融方面非常间接的消息，也会以信息的形式流入华尔街；而股票市场就是通过其自身的价格波动，来体现股市在感知信息之后所导致的价值变化。”（1929 年 5 月 29 日）

“有一点再怎么重复也不为过，那就是股票市场在应对出乎意料的事情而进行自身调整时，如次级的反应运动，并不是根据当时的现场情况所做出的反应，而是依据市场所有智慧总和对未来的远景期待。”（1922 年 9 月 25 日）

“……投机就是预期经济的发展变化……”（《股市晴雨表》）

在 1927 年的春天，股票市场的牛市已经运行了接近 6 年，出现了这样的一个评论：“股市的平均价格指数表明，经济的运行很可能在未来多个月份的时间里，依然会保持其现有贸易额和特性，其持续时间就像用最有效的交易望远镜所能看到的一样远。”（1927 年 4 月 23 日）

当股市在非常接近 1921 年低点的底部时，在已经达到最低点的价格之后，对为什么平均价格指数没有因为当时的不利消息而下跌，有如下解释：

“当意外事件冲击股市时，就会产生金融恐慌，可是，历史记录表明，股市绝少受到意外事件的冲击。现在所有的股市利空因素已经广为人知，其利空的严重性也广泛地为人们认同。可是股市交易不是基于现在大众都知晓的状况，而是基于专业人员利用专业知识对未来几个月后所预测的情况的分析结果的汇总。”(1921 年 10 月 4 日)

“……对于以往股市每一次的下跌运动，最终都能用随后而来的国家经济的发展状况来彻底解释清楚。”(1926 年 3 月 8 日)

“股市方向的改变，或者基本趋势被中途打断时，通常总会有其他解释，去补充至少是那种迎合大众的想象的说法，这是一条极为有趣的股市经验。”(1927 年 8 月 15 日)

“华尔街常讲：‘当消息发布时，与之相关的股市价格运动也就过去了。’那些股票持有者和精明的投机者们，他们交易时的根据不是人所皆知的事情，而是他们独享的信息，或者是对未来明智的预测。我们常常是在已经经历了股市整体巨大的下跌 6 个月之后，才会有随之而来的经济萎缩；而且同样是因为预期未来，同样是预计在 6 个月的时间里，工业状况会有所改善，股市就会整体攀升，尽管改善的迹象在当时并不显著。”(1906 年 6 月 29 日)

“……股票市场投机的本身会产生刺激经济发展的信心。这是从另一种意义而言，股市是经济的晴雨表，股票市场的变化不是依据当时的新闻消息，而是经济精英们的前景预期的综合反映。”(1922 年 5 月 22 日)

一位美国最伟大的金融家曾经对汉密尔顿说：“如果我能拥有在股市运动中所包含的信息的 50%，我就可以信心十足地认为自己比华尔街的任何人都占有绝对的优势。”

“当然，万事终有度，没有树木会长到天上去。可是对于股市，除了完全出乎意料的事情之外，股市消溶了一切的因素，这一点确实是事实。它并不表示能预测到旧金山大地震，北太平洋角的灾难，和世界大战是否可以预期的不同观点，这些因素某种程度上，在长期的熊市实际爆发之前就已被消溶了。”（1927 年 7 月 15 日）

“……可以把华尔街假设成包含有人们所知的关于经济的一切事情的储藏库。这种假设是完全正确的，这就是为什么股票市场的平均价格指数所反映的内容，比任何个人所知道的都多得多，是最富有的集团也不能操纵的。”（1927 年 10 月 4 日）

对于学习道氏理论的人，绝对确信平均价格指数能预测未来发生的事件，并且能对发生的事进行正确的评估，这一点至关重要。对于想在股票市场一直随潮汐而游的人来讲，道氏理论关于这部分的内容其价值是极其重大的。

证明道氏理论这部分内容的利用价值的一个近期典型的例子，是在 1931 年股市所历经的长期猛烈的下跌。当年的平均价格指数下挫的百分比是历年来最大的。在那段时期，股票市场一直在消溶和评估国际问题的严重性，特别是英国抛弃了金本位制、银行倒闭、铁路的破产和预计比例庞大的财政赤字所导致明显需要提高税收的必要性。这次下跌在 6 月份的一次典型的次级反应运动后止步，其影响因素是通常的空头平仓和不理性投资者的购买，这都是因为大众接受了新闻媒介的乐观态度、政治上赞助商出色的广告和胡佛的延期偿付措施。

股市主要的熊市趋势在 10 月份再次被打断。对股市这次的次级运动公认原因是纽约股票交易所实施了一项对卖空加以限制的规则，导致卖空股票的平仓。与此同时，一个深具管理能力的投机集团使小麦期货价格有了一个快速转向的投机性上扬。全国的新闻报道都为之欢呼，把这个单纯的价格投机行为看成是下跌趋势中的商品期货的长久期待的转折点。就像通常那样，结果大量的鱼儿吞噬了诱饵上钩了，而这个普通的次级价格运动也在正常的时间完成了，然后又熊市复燃，不可阻挡地创出价格新低。实际上，即使前期的小麦上扬没有发生，市场也会发生预期的次级趋势运动。假使没有在商品期货上发现理由，人们也会找到其他的令人满意的事情来担其责任。“平均价格指数是铁面无私的，它们代表着每一个人对环境形势的所知和预见。”

平均价格指数具有消溶未来的能力，是极其重要的内容，即使对读者显得有些啰唆，下面还是提供了更多些的引用片段。

“在这里总是要时常进行平均价格指数运动的讨论，也就是平均价格指数消溶一切事情，如成交量、总体环境、红利、利率、政治等等。正因为是平均价格指数，所以它是对市场各种可能影响因素无偏见的总结。”（1912 年 3 月 7 日）

“平均价格指数被认为排除了个人的想法，政治、金钱、农作物等这一连串的事物，最终会……”（1912 年 4 月 5 日）

“当一个大型制造商看到经济前景不妙时，就会出售其股票，以强化自己的资金地位，而他只是千万卖出人中之一。股市会在距离他和其他人预计到来的紧急情况发生之前很长一段时间下跌。”（1924 年 7 月 15 日）

“股票市场反映了多种多样的事实，而对于每一个事实只有少数人……了解自己的事情。”（1924 年 7 月 15 日）

“股市晴雨表会考虑钱财、炼铁炉的操作，还有农作物产量的预期、谷物价格、银行清算、商业收藏、政治前景、国际贸易、银行的储蓄金额、工资、铁路货运量及许许多多其他的东西。活跃股票的平均价格指数就是全部这些事物在市场中无偏见反映的结果，其中任何一个因素的重要性都不

会大到有左右市场的力量。”（1924 年 7 月 5 日）

“股票市场预见到了第一次世界大战，晴雨表在 1914 年前期的表现很明显说明了这点。”（1925 年 3 月 16 日）

“在这些研究中，我们宁愿选择忽视国家的经济总量、贸易状况、农作物状况、政治展望和其他对股市日间运动有影响的可能因素，这些因素对股票市场短期的波段运动影响常常微乎其微，而对市场的主要趋势更是毫无影响。长期的平均价格指数分析表明，平均价格指数消溶了所有这些因素，并且，如果忽略短暂的影响因素，平均价格指数就更成为可信赖的指南。”（1911 年 7 月 14 日）

第5章

道氏理论并非总是正确

道氏
理论

道氏理论并不是击败市场的不败系统。要使道氏理论成功地对投机有所帮助，需要严肃认真地学习研究和没有偏见地收集证据资料，决不能把愿望强加于思想之中。

要概括地论述道氏理论的运用操作，需要进行广泛地归纳总结，但这点远远没有达到。尽管如此，定义道氏理论比定义其他实践性科学要容易。一位外科医生能写出几条简单的规则，使一位银行家去给一个经纪人做切除阑尾的手术吗？绝不能！究其原因是因为外科医学是一门实践性的学问，它是建立在对过去成千上万例成功手术的研究的基础之上发展而成的（典型的“切除和实验”方法）。成功地使飞机着陆也是一门实践性的学问。一个技术熟练又具有才智的飞行员，可以轻而易举地写出一些简单的指导规则，并为其他飞行员所理解。可是，如果我们的银行家依据这些规则尝试飞机着陆的话，其结果很可能是被救护车载离失事现场。这是为什么呢？也许是因为那个驾驶员没有很好地斟酌这些着陆规则，例如在逆风条件下飞机着陆要放下哪一侧的机翼板。可是，对于银行家而言，他能写出来决定债券分红利率的简单条例，从而使医生、飞行员或经纪人都能根据给出的条例做出正确的答案，原因是数学是精确的科学，而对于精确的科学只有唯一的答案，那就是正确的答案。而道氏理论是实践性的科学，它不会总是正确无误的。可是如果运用得当却会非常有效，所谓的运用得当，只是要求对道氏理论进行认真和坚持不懈地研究、学习。

汉密尔顿在他的书中写道："股票市场的晴雨表并非完美无缺，更确切地说，这门新生科学还远没有达到完美的地步。"

平均价格指数的学习者的思想常常受到其愿望的左右。他们在市场已经上升了一大截才进场买入，如果碰到大的次级回调运动耗尽了保证金，就会指责是道氏理论的过错。这样的交易员认为他们是在按平均价格指数的指示行事的，因为他们手中有图，而这个图通常只是单一的工业平均价格指数，上面认真标注着神秘的阻力点位。道氏理论不应当因他们的损失而受到责难，因为道氏理论所说的在牛市中买入，是指只有在经历过剧烈的下跌，市场已经显示出下跌的趋势趋于消亡，或者说开始在上升波段中显示出活力。

还有一些道氏理论的学习者坚持把道氏理论应用于日间交易，其结果总的来讲是遭受资金损失。

还有另一类交易者，可能是从记录非常差劲的而又非常重要的统计部门得到的灵感，坚持把货物装载量、利率等等的东西和道氏理论混合在一起。这些交易者就像专业气象预报员那样有运气，很多的运气，可大多数是坏运气。如果这些交易员理解了道氏理论，他们就会接受一个基本事实，那就是平均价格指数恰当地消溶和评估了全部的统计信息。

有一个问题经常被问到，"如果对道氏理论有合理恰当的解释，并因此选择交易时机进行交易，交易赢利的百分比是多少?"本书的作者认为，对于任何一位市场感觉一般的交易者，如果有足够的耐心去研究并以平均价格指数为指导，经历一个完整的牛市或熊市的市场循环，应该至少每交易 10 次，其中有 7 次获利。并且，每一笔赢利交易的纯利会大于因时机选择不当而进行的交易亏损的损失。有许多人的交易记录持续地比上面所讲的还佳。但是这些人一年之内的交易次数很少超过四五次。他们并不盯着报价机的纸带做交易，而是去做市场的重要的大运动，并且，他们从不关心几个点的得与失。

在我们当中宣称理解股市价格运动的人知道，道氏理论虽然也会判断出错，可是，道氏理论的可信度要远远大于最优秀的交易员的市场判断能力。利用道氏理论交易的人都明白，一般讲，引起交易损失的原因不是由于太过依赖道氏理论，而是因为对道氏理论的信任程度还远远不够。

设想一个交易员是以平均价格指数的推断而确定的交易时机进行交易，而这笔交易开始出现巨额亏损，那么发生这种情况的原因，要么是交易者对给出的交易信号发生了误解，要么是这次价格运动是属于道氏理论判断失误的少数价格运动之一。在这种情况下，交易员就应该接受损失，止损出场观望为佳，等到市场的信号变得简单明了，易于看懂时，再进场交易。

投机者，特别是那些被称做赌徒更恰当的人，坚持试图去读出其不存在，也根本不可能存在的关于平均价格指数运动的细节特征。

任何一个有头脑的人都容易明白，假如道氏理论是绝对正确的真理，或者是有一两个人能永远正确地理解道氏理论的含义，那么，可能很快股票市场就不会再存在投机行为了。

在 1926 年，汉密尔顿在解读平均价格指数时就犯了一个严重的错误，把牛市中的次级回调看成是熊市显现。道氏理论的学习者应该看看 1925 年秋天以后一年的股票价格图，把它作为很容易得出错误结论的典型例子进行学习。作者一向认为，汉密尔顿似乎认为市场应现熊市了，此观点误导了他对走势图的阅读，这是一个过分相信自己判断而对他的理论相信太少的事例。

一个牛市开始于1923年的夏末，并在1924年的全年以惯常的方式进行发展。从1925年的3月下旬到1926年的2月26日，股市走出了一个激动人心的几乎没有回调的上升波段。单从此次的上升幅度和持续时间来看，就足以说明其后的下跌回调会有不同寻常的回撤比例。看一下1897～1926年的平均价格指数图，就能看出当时所进行的牛市在其持续时间上已与其他的牛市持续时间一样长。另外，还会发现当时的工业平均价格指数创出了历史新高，并且当时金融环境是银根很紧。由此可见，即便是一个虔诚笃信道氏理论的人，也会出现受其一时的个人观点干扰和左右的现象，错误地解读平均价格指数的走势，得出牛市行情将终结的错误结论。

尝试跟随导致汉密尔顿把次级反应运动看成是熊市的理由是饶有趣味的。在1925年10月5日，汉密尔顿指出，20种工业股票①的利润是在4%以下，此时“人们是因希望和发展的潜力来购买股票，而不是以其所展现的价值”。汉密尔顿还讲：“无论如何，根据正确的原理来阅读平均价格指数，都会非常清楚地看出主要的牛市力量依然起作用，但是是值得注意的时候了。”任何通读完汉密尔顿的整篇评论文章的人都会得出结论，汉密尔顿对市场持有熊市观点，可是在当时的平均价格指数态势上还根本找不到支持他观点的丝毫证据。汉密尔顿以这样的陈述结束了他的股市评论：“这次可能是古老的双顶理论发挥效用的时候了，比如说，一旦收盘

① 从1928年10月开始，计算工业股票平均价格指数所包含的股票数量增加到了现在的30种。

价接近 9 月 19 日或 9 月 23 日的高点，两个平均价格指数就都会有下跌的反应。”这是一个很奇怪的论断，因为汉密尔顿曾经说过“双顶”和“双底”还没有被证实是有效的理论。

在 1925 年 11 月 9 日，汉密尔顿以下面的话作为股市评论的结束语：“到现在为止，从道・琼斯股票平均价格指数得出的任何结论，都表明股票市场依然是牛市占统治地位，只是有一些次级反应运动的时候了，可是还看不到熊市的影子。”可是在同一篇文章的其他地方，汉密尔顿又写道：“在某个时候，也许就是明年，会出现明显的在投资和投机方面的资金短缺，而股票市场将会第一个对此有所知觉。当举国上下大谈繁荣和希望不断膨胀时，将会形成一个主要的下跌趋势运动。”这样，很明显，对市场的熊市看法是汉密尔顿个人的看法，而设想汉密尔顿密切关注着平均价格指数，以期能发现对他的预测的确认，是不无道理的。

在 1925 年 11 月 19 日，在股市发生了剧烈的回调之后，汉密尔顿再一次提醒他的读者们注意观察双顶的出现，那样就可能意味着股市的主要上升趋势的终结。可是，到了 1925 年 12 月 17 日，汉密尔顿完全根据道氏理论对价格运动写出了清晰明确的解释，他说道：“开始于 1923 年 10 月的牛市趋势，依旧处于市场的统治地位，同时这一次工业股票中的典型的次级回调还未完成。”然而，汉密尔顿警告说应密切关注平均价格指数。这表明尽管从道氏理论看并非如此，他还是认为股市价格太高了。

在 1926 年 1 月 26 日，工业股票平均价格指数出现了引人注目的“双顶”，可是却没有得到铁路股票平均价格指数的确认。汉密尔顿曾经多次告诫读者们，单从一种平均价格指数运动得出的结论，若没有得到另一个平均价格指数的确认，几乎肯定是误导的。

在1926年2月15日，“双顶”再次被提及，汉密尔顿推测，若前期的高点不被突破，而是随后出现下跌，那么可能就表明熊市来临了。在3月5日，当对于各自的高点，工业平均价格指数只下跌了大约12个点、铁路平均价格指数下跌了7个点时，汉密尔顿宣称：“……基于对过去25年走势表现的研究，牛市运动的结束已经清晰地展现出来了。”（1926年2月15日）

在3月8日，汉密尔顿又引人注目地在市场接近顶端时，宣布了市场的反转。依据是“重要的‘双顶’反转”。汉密尔顿还称：“有一点似乎已非常清楚了，那就是在未来不确定的时间里，股市的主要趋势会是下跌。”

在4月12日，就在那个被错误地称为熊市趋势的次级回调的低点过后的两周多时间，汉密尔顿继续提出他早些时候的预测，在文章的结束时，陈述说，对于平均价格指数“……肯定不会撤回在7周前价格运动的研究文章中所得出的结论”。

看一下价格运动的走势图，就会看出汉密尔顿这最后的熊市预测正是写在股市价格准备开始走入，后来于1929年结束的牛市的上升波段。上述讨论的这类错误，对于投机者而言会导致灾难性的结果，无疑地那些汉密尔顿的熊市预测的追随者们，许多在当时都遭受了巨大的损失。简而言之，对于导致这种错误的原因，很明显是汉密尔顿对他自己本身的判断的信任度过高，而对于平均价格指数的信任度过低所致。通过利用“双顶”的想法，汉密尔顿迫使平均价格指数去适应他的观点。这是汉密尔顿唯一的一次利用“双顶”的思想，结果却导致他犯下大错。另一点，汉密尔顿忽视或不愿看到的事实，是工业股票平均价格指数已经上升了47.08点，铁路股票平均价格指数也上升了20.14点，而其间并没有重要的次级回调运动发生。根据汉密尔顿对道氏理论的阐述，长期上升浪的正常回调范围是在 40%～60%之间。按这个标准，工业股票平均价格指数回调 26.88 点，铁路股票平均价格指数回调 10.71 点，分别是 55%和 53%。汉密尔顿的“熊市”，事实上只不过是一次完全正常的一般性次级回调而已。如果是全心全意地应用道氏理论的话，就绝不会把回调看做反转了。

第6章

道氏的三种运动

道氏
理论

股票的平均价格指数由三种运动构成。也许在同一个时间中就会包含这三种运动。其中首要的，也是最为重要的就是主要趋势运动：股市整体的向上或向下的运动，也就是众所周知的牛市或熊市，其持续时间也许会是几年。处于第二位的，也是最容易迷惑人的运动，就是次一级的反应运动：对于主要趋势是牛市的市场中，次一级的反应运动就是重要回调的下跌运动；而在主要趋势是熊市的市场中，次一级的反应运动就是反弹的上升运动。这些反应运动通常持续 3 周到数月。处于第三位的，通常也是不重要的运动，就是平均指数的日间波动。

每一位汽车驾驶员都会记得在上第一堂驾驶课时，在心、手和脚之间发生的混乱状态。教练会坐在身边，坚持要求他把观察路况和脚离开油门踩刹车这些动作连贯起来并同时完成。可是随着经验积累，使用油门和刹车已经成了一种近似的条件反射，观察路况的习惯也最终养成。学习者在第一次尝试理解道氏的三种价格运动时，可能也会存在类似的混乱。可是迟早他们对三种运动的识别和认知，几乎会成为自动的心理和视觉过程。次级的反应运动所造成的市场趋势的暂时改变，对于市场的效用就像是刹车对汽车的作用一样：它们都是对运动超速的抑制。对于造成汽车减慢和加速的油门，可以与股市的日间波动相比照，在有些交易日，日间波动会与基本趋势和次级运动同方向；而在另一些交易日，则会相反。

这三种运动会在以后的章节中分别进行讨论。由于对每一种运动的透彻理解至关重要，明智之举，是在这里先引用一些汉密尔顿几年间所写的言论片断：

“对于道氏理论，我们需要牢记在心的是股市有三种运动，即股市整体上升或下跌的波段，历时1～3年；次一级的回调或反弹，可能历时从几天到几周不等；再有就是股市的日间波动。这三种运动同时存在，酷似奔腾向前的浪潮，翻滚的波涛伴随回撤的波浪冲向岸边。也许可以这样讲，股市次级的运动使其强有力的主要运动暂停了一段时间，不过，即使我们能有所阻碍，自然规律依旧占支配的地位。”（《股市晴雨表》）

另一次，汉密尔顿对三种运动做了如下的解释：

“它们有整体的市场运动，上升或者下跌，持续时间也许为数年之久，很少有少于 1 年的；然后是短期的市场波段，历时为 1～3 个月不等。这两种运动会在一起进行，而且，很明显还会相互抵触。这两种运动又进一步被日间波动所复杂化，而日间波动是航海者在困难水域航行时需要考虑的第三种水流。”（1909 年 2 月 26 日）

在 25 年前，这三种运动是这样叙述的：“市场中有三种运动在一起同时发生。首先一种是日间运动，主要是交易员操作的结果造成，可以叫做第三级运动；第二种运动通常持续 20～60 天，反映了市场投机情绪的涨落，叫做第二级运动。最后，第三种运动是股市的最重要的运动，通常会持续数年，运动的原因是来源于股票价格相对其内在价值的调整，通常称之为主要运动。”（1904 年 9 月 17 日）

在 1914 年，有一些简短的解释：“对于已经为多年的市场观察所确认的查尔斯・H・道的‘理论’，可以再解释一次，市场同时有三种运动。首先是最为关键的主要运动，会持续 1 年及更长的时间；第二位的是间或发生在熊市中的反弹或者在牛市中的下跌；第三位指的就是股市的日间波动。”（1914 年 4 月 16 日）

第7章

主要运动

道氏理论

主要运动就是股市整体的基本趋势，也就是广为人知的牛市或熊市，经历的时间从少于一年到几年的时间不等。正确地确定主要运动的方向是成功投机的最重要的因素。现在还没有方法来预测一个主要趋势的持续时间的长短。

尽管如此，“……主要波段的时间长度和行程范围却极大地增加了晴雨表的预测价值。没有规则来精确表示一个主要波段由多少点构成，正像也没有一个规则来确定主要运动所预期的经济扩张和萎缩的程度。”（1924 年 3 月 10 日）道氏理论的批评家有时抱怨说，道氏理论要是有用的话，就应该能事先预测出市场所要到达的目的地，以及到达目的地所用的时间。按照这种逻辑，我们可以在这里向气象局提出告诉我们哪天、哪时会有多厚的暴风雪以及酷暑期的精确时间的愿望。但是，天气预报就像道氏理论一样，完全是由实践占主导，它还没有完美到如此的程度，而且，可能永远也不会达到。但是，我们却习惯于接受天气预报，习惯于知道预报的局限性的同时非常感谢这门预报的科学对即将到来的暴风雨和其他的天气变化所给予的警告。我们对道氏理论也应该持有这样的态度。

对于阅读平均价格指数的新手，容易误把主要趋势中的大的次级反应运动，当成是市场主要趋势发生变化。在这种时候，能正确地解读市场通常很难，即使是专家也如此，可是，如能认真学习研究，学习者就会培养出发现变化的能力。如果对市场心存疑问，就应该待在场外，一直等到日平均价格指数的形态给出清楚、明确的机会再进行交易。汉密尔顿曾经经常感到茫然。对于这种有时存在于每一个交易者内心的合理的疑问，汉密尔顿的下列叙述做出了最好的解释，“必须永远牢记，在股票市场中存在一个主流和无数的带有旋涡、回退的支流，而任何一个支流都有可能在一定时间内，如一天、一周，甚至更长的时间段内，被错误地认为是主流。股市是晴雨表，不存在毫无意义的运动，其运动的含义有时一直到运动本身发生了很久以后才显露出来，而更经常的是永远不为人们所知。可是如果运动根源的知识完备，就可以真正地讲，每一个运动都是合理的。”（1906 年 6 月 29 日）

第8章

熊　　市

道氏
理论

主要趋势是熊市的市场，它是由长期的向下运动和重要的反弹上升所组成的。熊市是由各种经济弊端造成的，并且只有当那些发生的最糟的事情已经被股市价格彻底消化掉了熊市才会结束。熊市有三个主要阶段：第一阶段，是对那些在抬高价格之后所购买的股票所寄托希望的破灭；第二阶段，是由于商业的萧条和收入的减少而导致的卖出阶段；第三个阶段，是无视股票本身的价值、将优质有价证券廉价抛售的阶段，进行这种狂售的人，是为了得到现金、一定要把自己的一部分资产进行变现的人。

1921年，汉密尔顿曾经说过，在以前的25年间，平均的牛市波段是25个月，而熊市时间是17个月。换句话说，熊市的平均时间大约是牛市平均时间的70%。

熊市似乎可以划分为三个阶段：第一阶段是对前期牛市最后冲刺所寄托希望的破灭；第二阶段反映出创收能力下降和效益的降低；第三阶段是证券的廉价清仓阶段，为生活所迫必须卖出手中的证券。上述的各阶段是由股市的次级反应划分开的，而这时的次级运动常常被错误地认为是牛市的开始。对于那些理解道氏理论的人来讲，很少被这样的次级运动所困惑。

全天股票销售额对于纽约股票交易所的交易来讲，所占的比重在熊市要比在牛市时期小得多。成交量曲线的走平是熊市可能结束的显示。

汉密尔顿经常讲，华尔街古老的座右铭“绝不要在沉闷的市场中放空”，在熊市中不是个好忠告。汉密尔顿注意到在熊市中的卖出时机，正是在剧烈反弹之后成交量枯竭之时，而后活跃的下跌运动显示出熊市会继续进行。他经常阐述的观点如下：“在华尔街最常引用的陈腐老话之一，就是告诫人们永远不要在沉闷的市场中放空。这句忠告也许对的时候比错的时候多，可是对于长期持续的熊市波段，它总是错的。在这样的熊市波段中，趋势的特点是上升变得沉闷而下跌变得活跃。”(1909 年 5 月 21 日)

下面是从 1921 年文章中摘录的片段，有些内容值得牢记：“根据道氏的古老理论，……在熊市中的次级反弹是突然和迅速的，尤其是在市场恐慌性的下跌后，这样的表现特征更是显著。这样的测试不是在底部，而是在一定条件下市场在上升之后的表现……此时股市会很容易变成卖出和超卖。在市场底部时的市场情绪总是极度悲观，而当开电梯的男童也开始谈论他的“放空仓位”时，专业人士们就开始“背叛”公众情绪了。

“在熊市中的次级反弹，如平均价格指数在过去许多年显示的那样，具有让人惊奇的一致性，次级反弹都是在一个市场的价格线之后发生，而这个价格线是彻底检验公众对股票的吸货能力。在发生严重的市场下跌时，跌到了支撑位总会有大量的买进，以保护那些放空的账户，不会因开仓过大而无法平仓，从而促使股票反弹。股票的下跌大部分为卖空平仓和廉价的买进所抵消，可是如果股票的吸货能力不充足，股票就还会进一步缓慢下跌，通常会创出价格新低。”(1921 年 6 月 23 日)

“长期能得到平均价格指数证实的经验告诉我们，在持续时间超过一年或更长时间的长期牛市运动中，对比间或发

生的快速回调，上升的过程显得比较缓慢。同样，在熊市中，其反弹也自然会是快速的。”（1910年3月19日）

在这一点上，理解在下跌或者上升市场中的运行基本原理是很重要的。

在熊市中，优质股票也会同劣质股票一样受到伤害，因为人们总会出售那些以一定的价格肯定能出手的股票，以期保护那些以什么价格都出不了手的股票。在大萧条时期，从未投过机的人们不得不把很好的投资股票从他们的保险柜中拿出来，给价就卖。因为为了生存需要现钱，无论蒙受多大损失，也要把这股票换成现钱。这些人创造了“以防万一”基金，现在“真的出了万一”。也许他们更愿意出售他们的房屋和其他财产，可是却没有出钱的买主。也许他们以前借用了生命保险金，这样就迫使保险公司为获取保险单贷款的资金，贬值出售一些有价证券。也许这些人耗尽了他们银行户头里的结存，迫使银行清算其有价证券以维持储备金。这样就形成了恶性循环，迫使优质的有价证券在没有足够买家的市场上出售。换句话说，供给和需求的规律在发挥作用，当供给量大于需求量时，价格是必然下跌的。那些阅读了我们许多杰出的咨询服务公司给出的投资建议的读者，有理由感到奇怪，为什么这些公司所雇用的经济学家们会忽视和不理解熊市波段这么重要的阶段。

是什么原因能让长期下跌的股票价格结束下跌呢？《股市晴雨表》对牛市和熊市形成的整个循环给出了精彩的解释：

“现在，我们一觉醒来，发现我们的收入超过了我们的花费，钱容易挣了，空气中弥漫着投机的气息。我们从经济的沉闷和萧条时期进入了真正的活跃阶段。投机活动在高利率、工资增长和其他常见的征兆中逐渐发展。在经历数年的好时光后，链条中最薄弱的环节承受着过度的拉力，然后是断裂……在股市中和商品市场的价格中出现了萧条的预兆，随后是巨大的失业率。常常是储蓄银行的存款在增加，而用于投机的资金却处于完全缺乏之中。”

汉密尔顿告诫我们不要试图利用道氏理论去抓熊市的低点交易日：“股市的晴雨表不能告知任何人熊市转向牛市的绝对转折处。”

在1921年9月18日，当平均价格指数从熊市的低点上升了不足5个点的幅度时，汉密尔顿在为《巴仑周刊》所写的一篇文章里写道：

“我得到了要求提供股市晴雨表在预测价值方面证据的挑战，现在股市的运动，是一个最确切的例子和测验。伴随着欧洲金融的混乱状态、棉花生产蒙受的灾难、通货紧缩产生的不确定性、我们的立法者和税务人员的毫无约束的机会主义、战后的通货膨胀，如失业、在煤矿和铁路做工都拿不到多少工资，等等，这些不利因素都笼罩在现在的国家经济中，可是股票市场却已经表现得仿佛它看到了一些有利的因素。股市一直在讲，这次在1919年10月底、11月初开始的熊市，在1921年的6月20日创出了低点，当时20种工业股票平均价格指数是64.90，20种铁路股票平均价格指数是65.52。”

然后在几天之后的《华尔街日报》上，汉密尔顿又评论道：

“不止一位记者已经在本报中撰文，提醒大家关注这不令人满意的状况，并由此发出疑问道，为什么通过对刊登在9月21日的平均价格指数的运动研究，认为应该说股市价格似乎正在为进入长期上升的牛市做好准备？能列出的所有各种理由都是悲观的论调，如德国的企业倒闭、铁路运输的价格和工资、关税和税收的不确定性，还有愚钝的国会没有考虑这些事情的常识。对这个问题的回答是，股票市场已经考虑到了一切事情，股市所包含的信息来源要比这些批评家中的任何一位所可能掌握的信息来源都广大。”（1921 年 9 月 21 日）

根据上述的这些预测，此文的作者就在当时买进了一些股票和债券，就是这次的投资成功，后来为作者提供了购买一处住宅和商业投资的资金。而后者的赢利造成了适度奢侈和在政府医院中退伍军人联络站的病房之间度日的区别。这些成功的预测，激发了其后数年的对平均价格指数的研究学习，一种对原来可望而不可即的东西的寻找，成了让人神魂颠倒而又带来了赢利的消遣活动。

1921 年的深秋，汉密尔顿收到一封信，询问他推断的理由。汉密尔顿解释道，成交量少，市场横盘运行，市场对坏消息的漠视和上升失败，这一切都表明最糟糕的时刻已经过去，同时，汉密尔顿感觉他的推断被平均价格指数的日间运动特点所证明。

下一页的示意图，是为研究平均价格指数在熊市的底部的运动特点而准备的。9 个熊市结束部分由上到下排列，日间的运动都是按比例画出，每个低点都是以 100 为标记，这样，价格的上升就会自动被转换成从低点开始算起的百分比行程。

这样的排列考虑到与当时成交量之间的关系。在图中会发现，在 9 个熊市结束的谷底中，其中有 7 个包含 60～90 天的时期，其平均价格指数的波动范围是在平均价格指数的 3%之内，虽然这种运动不一定在两个平均价格指数之间同步发生。另外两个时期大约是在 5%的变化范围内。

在其中 6 个熊市的谷底，在最低点之前几个月，成交量

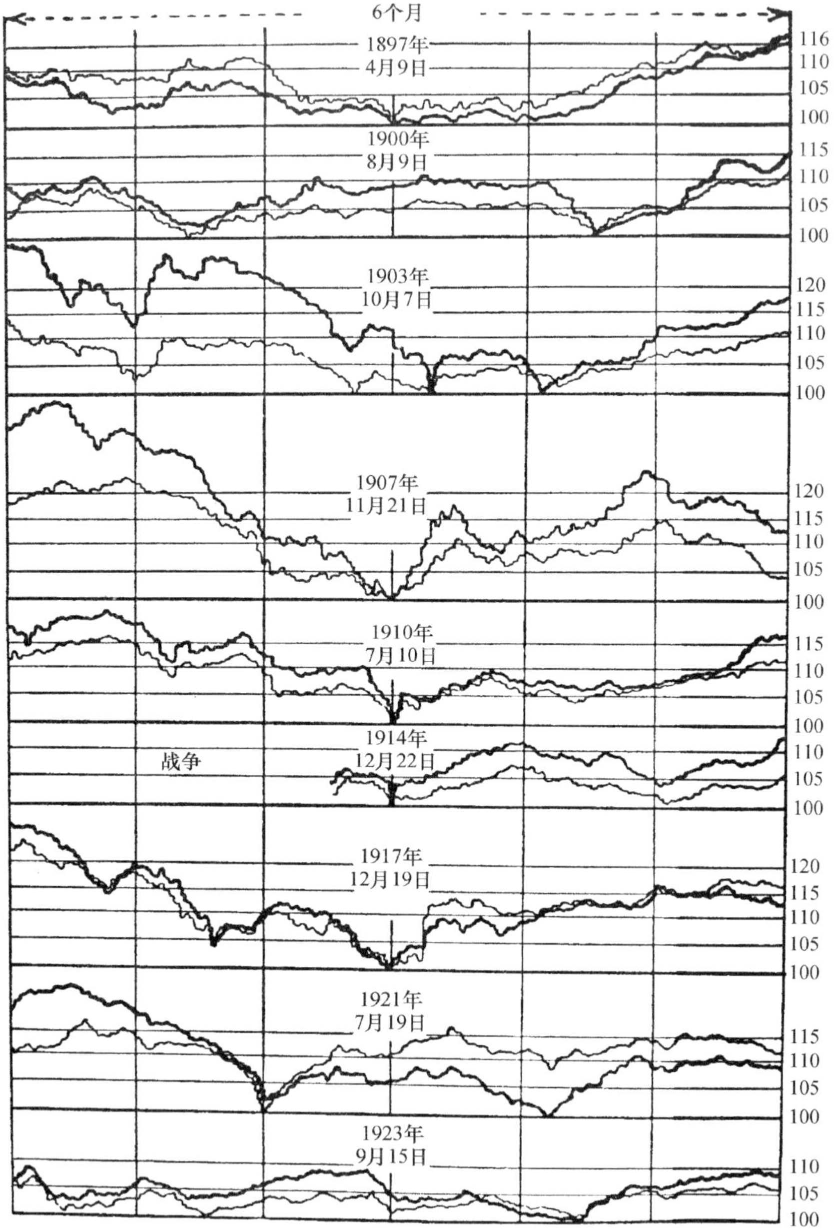

道·琼斯平均价格指数：9个熊市的6个月的谷底

制图资料来源："GRAPHIC CHARTS：DOW—JONES DAILY STOCK AVERAGES AND SALES"

在逐步降低，而另外3个时期，把极其低靡的市场交易作为指标就会出现误导。

关于熊市结束时的双底，已有很多叙述。确实双底现象有时会在熊市的底部发生，可是如果把双底当成一个判断的指标，几乎肯定会出错。那些频繁提出双底的人们，没有考虑到在熊市中，在不是底部的地方也会有很多双底出现。对所有的在熊市中出现的双底进行察看就会发现，有一些双底确实是在价格的低点发生，可是却不是熊市的结束。这时候，平均价格指数的运动有更大的帮助，当一个平均价格指数的低点没有得到另一个平均价格指数的确认，就表明有可能发生趋势的变化，即使不具有决定性的意义，也有很重要的辅助价值。

对下跌趋势的价格运动预测似乎比上升趋势的价格运动预测要容易些。至少，抓市场的底部比抓市场的顶部肯定要容易些。

对于平均价格指数的学习者，如果能在价格从低点上升10%之内抓到市场的底部，确实是很走运。可是，在上升20%之前，对于任何熟悉道氏理论应用的人，趋势变化的显示已经是非常明显了。

第9章

牛　　市

道氏
理论

主要趋势是牛市的市场，股市整体向上运动，或被一些次级的回调运动打断，时间平均长达两年以上。在牛市期间，由于商业环境的改善和股市投机活动的增加，使得来自投资和投机的购买股票的需求量加大，从而促使股票价格攀升。牛市有三个阶段：第一阶段，是人们重新恢复对经济未来发展的信心；第二阶段，是股票价格对已知的公司赢利的改善与提高所作出的反映；第三阶段，是投机猖獗、通货膨胀显著阶段，股票靠人们的希望和预期支撑价格飞涨。

如前所述，道氏理论只是一个注重实际的方法，通过对记录的道·琼斯铁路和工业股票平均价格指数的日间价格波动的研究，得出对未来市场运动的有用推理。在金融投机的冒险生涯中，能理解道氏理论，没有比在熊市结束和大的牛市形成时，会更有用处的了。

汉密尔顿似乎很容易能抓到市场的底部，他不断地声称抓底比抓上升波段的顶部容易得多。对于汉密尔顿的成功，其金融方面的智慧无疑是其原因之一。可是确有其他技能稍差的人，却能在正确的时候，成功地应用道氏理论，他们没有什么特殊的知识，只是正确地理解了平均价格指数的应用。

对于牛市和熊市，人们一定要记住，在市场中，牛市第一阶段并不是明显区别于熊市的最后的次级反弹，只有经过一段时间的验证之后才能确定。同样，对于熊市的第一阶段，首先必须当成可能是牛市的次级回调。所以，只要讨论熊市的完结就一定要包含随后发生的牛市的开始。在前一章中我们讨论了熊市结束时的典型现象，而需要再次指出的是，在熊市的结束时期，市场似乎不再受进一步的坏消息和悲观情绪的影响。市场还会出现失去了在剧烈下跌之后进行反弹的能力，表现出市场已经达到一种均衡状态，投机活动处于低潮。卖方对价格的压力失去作用，可是还没有出现能抬高价格的足够需求。市场因缺乏公众的大量参与变得沉闷乏味。悲观主义盛行，没有股票红利可分，一些重要的公司通常会有财务困难，还有很明显的政治动荡。由于所有这些事情的原因，股票市场的价格走出了一个“线态窄幅区间盘整”的形态。然后，在这个“线态窄幅区间盘整”的形态被确定无疑地向上突破时，铁路和工业的平均价格指数的日间波动就会显示出确定的趋势性，上升浪的底部都依次会逐步抬高，而随后的下跌不会跌破前期最近的价格低点。只有在这时候而不是之前，一个投机买进的位置才被明显地显示出来了。这个时候需要人们具有耐心，如果在价格大幅上升之后出现大型回调，若回调不能够跌破熊市的低点，而且随后的一系列上升浪却突破了前期熊市的主要反弹的高点，这时候，就是股市比较安全的买进时机了。

有些读者也许会问，为什么在 1930 年的春天的次级反弹不表示出是熊市的完结和一个新牛市的开始呢？一个回答就是，学习平均价格指数的人都知道，牛市是不会以激烈的波段为开端的。还有，在熊市的初始阶段，对于下跌的 25％反弹，甚至 100％的反弹都不是没有先例的。关于牛市的开始已经有许多论述文章。下面摘录的一段文章正是讨论牛市从很低的基价开始发展起来的：“前期熊市的下跌，已经使有价证券的价格远远地向下脱离了其被承认的内在价值。这是由于股票交易所提供了一个可以以一定价格买卖股票的市场，而其他的东西在这个市场中已经完全消失了。这是股票市场晴雨表的部分作用，股票市场一定是第一个感受到大清仓的压力。

“在牛市的第一阶段，是股票对其公认价值的回归阶段。在牛市的第二阶段，通常也是历时最长的阶段，是随着总体经济的好转，股票进行其价值的调整并趋于更加稳定，这个阶段也是在牛市中最能频繁见到的，历时最长，也会出现最能使人上当受骗的次级回调。牛市的第三阶段，公众的信心不仅消溶了股票的现有价值，还消溶了对未来可能性的期望。”（1923 年 6 月 25 日）

下面的段落表明，在牛市缓慢的攀升阶段不但需要人们的耐心，还需要有勇气坚持经受住对于一个健康牛市所进行的快速的次级回调反应运动。“长期的，能得到平均价格指数证实的经验告诉我们，在持续时间超过一年或更长的时间的长期牛市运动中，对比间或发生的快速回调，上升的过程显得比较缓慢。同样，在熊市中，其反弹也自然会是快速的。”（1910 年 3 月 19 日）

那些在华尔街具有“可操胜算的赌注”的人士，他们的生意就是在股票低于其价值时进行买进，或者是在低于合理的未来期限内将具有的价值买进股票，并且最终要在较高的市场价位卖出。如果这些拥有“可操胜算的赌注”的人士有才智和技能这样做，他们就如同一个商人所为，一个商人会在像床单布和其他棉花制品等常备商品价格低廉时，以及生产厂家因为生意的萧条而减价时，大量购进。这个商人期待着在随后的时期里，当所购商品价格上涨时卖出。当华尔街的精英分子考虑到股票价格已经跌到股票的内在价值之下，评估了成功的机会和赢利的能力后，就会在暗中悄悄地开始买进股票。渐渐地大众认识到股票价格不再走低，意识到悲观情绪与困窘已经迫使股票价格过度下跌。然后，公众开始购买股票，优质股票的流通供应量在减少，股票价格上升，牛市就已经形成了。然而，汉密尔顿告诫我们，股市主要趋势的反转从来就不会是突然间发生的。因为“构成股市主要运动的上升和下降的条件实际上永远不会一夜之间自己改变，可是促使第一次的回调和反弹的发生条件确有可能发生”。(1910年7月29日)

这里对于道氏理论这方面的讨论，是要确定道氏理论对于交易者的实用性，而不是用于经济预测的手段。作者无意于去冒昧地对汉密尔顿的杰出著作《股市晴雨表》进行改进，汉密尔顿在《股市晴雨表》中写道：“平均价格指数的运动可以作为经济晴雨表。可是对于那些能学习道氏理论并应用于投机的人们，同时也会认识到道氏理论能作为经济趋势的可靠指标。”

汉密尔顿承认在抓市场的顶部时通常会遇到困难。他写道：“……正确地预测市场的顶部比底部要难很多。在经过长期的熊市之后，平均价格指数和认定的实际收益价值之间，股息红利和资金价值之间的背离会很明显地显现。可是，在经过长期上升之后，许多股票会仍在其内在的价值范围内买卖，有很多还没有被消溶的可能性。还有，也许是因为环境的复杂性，或者更真实地讲是由于晴雨表对未来总体的憧憬和预期的稳定，市场价格会在距离顶部很小的范围内不定期地波动。确实可以这样说有这样的例子，市场在距离顶部很近的区间范围内波动了近一年，然后才猛烈下跌形成熊市。”(1926年2月15日)

另一次，汉密尔顿写道：“……正确地预测主要运动的精确顶部已经超出了任何晴雨表的能力范围。当缺乏过度的市场投机时，更增加了预测的难度。”（1923 年 6 月 13 日）按照汉密尔顿所言，若没有了过度的投机活动，即使是一个合格的平均价格指数的学习者，也会很容易地认为一个下跌的运动只不过是牛市的次级回调而已，可后来却被证实是熊市的第一次下跌。

汉密尔顿喜欢用华尔街的格言来清晰明确地表达他的观点。一次在接近市场顶部的平均价格指数讨论中，汉密尔顿写道：“华尔街经验丰富的交易员说，当开电梯的男孩儿和皮鞋匠都在寻求透露市场的牛市消息时，这就是该卖出和结束仓位去钓鱼的时候了。”在许多牛市接近尾声时，汉密尔顿经常警告他的读者说：“没有树木会长到天上去的。”

在 1929 年的春天，牛市的最后一冲之前，汉密尔顿承认从平均价格指数看，毫无疑问牛市在继续攀升，可是他明显地在警告他的读者，要把股市的利润落袋为安，平仓离场。汉密尔顿写道：“研究者应该问问自己，人们是不是在以比其价值高出许多的价位购买股票，人们是不是基于期望而购买股票，而且已经等待得心慌手痒。”（1929 年 4 月 5 日）

在 20 年前的 1909 年，在股市达到其最高点的前几天，汉密尔顿提醒呼吁道：“必须永远不能忘记，虽然国家经济空前繁荣，可是股市的价格不会永远上升。对于一个至少是部分由于飞涨而创出历史新高的上升运动，当其头部沉重而发生市场崩溃，是通常的不可避免的市场反应。”（1909 年 8 月 24 日）

汉密尔顿多次表达了他的信念：“……即使经济依然看好，市场最终会转向（下跌），而经济不久也会转向。”（1922 年 4 月 6 日）经济学家们指出，在 1929 年股市牛市终结之前，经济已经衰退了。也许这是真的，但是，与给其他市场的锅炉施加的压力相比，牛市给股票市场这个锅炉施加了更大的压力。不管是否能证明股市在预测 1929 年经济的转变具有可靠性，毫无疑问的事实是，股市在 10 月的的确确地给出了股票价格的运行趋势已经反转的证据。那些有足够能力应用道氏理论，学会成功地交易次级反应运动的学习者，就会在 9 月份平掉他们的股票仓位。许多人都这样做了。那些没有平仓的人，真希望他们对比自己以前的判断，毫无例外地能多信任道氏理论一些。

从 1897 年开始的道・琼斯平均价格指数的全部牛市记录来看，再也没有比平均价格指数在 1929 年表现出的顶部反转简明易懂的了。

所有的通货膨胀的迹象都呈现出来了。股票成交量超大；经纪人贷款创新高，实际上是经常创新高；短期拆息非常之高，使得许多公司都发现有利可图，把库存变现，然后把所得现金注入华尔街以牟取暴利；有很多不光彩的联合投机活动发生；缴纳交易手续费的办公室外挂着“请站立等候”的提示牌；领先股票的派发红利要比最好的债券差；垃圾股也像坐火箭一样飞上了天，不管其内在的价值和赢利的能力；整个国家都处在股票狂热的投机中。交易老手们回忆起那几个月，奇怪于自己怎么会好像被“新时代”的观念打了麻醉针一样，在必然的股市崩盘中被套。那些很明智的银行家本来可以让投机者倾听他们的意见而解救危局，可是却被当成鼓吹破坏的坏分子而被声浪所淹没；而另外一些以“诈骗犯”载入史册的人，在当时却被赞扬为超人。

如此的市场骚动也没有动摇道氏理论。在 1929 年的春天，平均价格指数显示，股票的供给和需求是相等的，这就是说有重要的势力在大量卖出手中的股票，而其他的势力在吸货。然后，平均价格指数又宣告买方的力量已经超过了卖方的力量，两种平均价格指数都创出新高，股票市场在攀升的途中快乐地向上跳跃着。道氏理论指出锅炉里已经有了足够的蒸汽来推动股票价格再次上扬。

在5月12日到6月5日之间，股市发生了很像是大型下跌的运动，可事实上，成交量在股票上升时是趋于增加，而在股票价格下跌时却在减少。用道氏理论对这种现象的解释，说明这次运动不过是一次牛市中的次级回调而已。

在1929年9月3日，股市达到了牛市的价格顶点。在9月3日到10月4日之间，又发生了一次价格下跌，看来似乎只是又一次的牛市中的回调。可是，随后在10月5日发生的上升运动中，股票的成交量在降低，而且，在随后的8个交易日中，道氏理论的学习者都能从走势图中看出，在市场这个锅炉里的蒸汽已经不足以推动价格的进一步上升，因为在股价上升时，其成交量却在持续降低。当时图表专家们注意到，市场的回升只达到了可以说是熊市反弹的较低限度的水平。这样，对于道氏理论的应用者而言，已经有了明确的出货信号，就是在工业平均价格指数在350价格水平时出货，此出货价位离最高点相差不到10%！而对于那些没有出货的人，市场每天都在给出更为强烈的警告，因为成交量随着股价的下跌不断增加。而在10月20日结束的那一周，市场终于跌破了在10月4日的价格低点时，对于能读懂平均价格指数的人来讲，股市已经毫无疑问地定论成熊市了。

汉密尔顿笔下对市场主要趋势变化的最后一次预测，就是他明确地宣布了1929年9月开始的大熊市的到来。随着平均价格指数的形态一天一天地显现，汉密尔顿对之有了很明显的不祥之感。一篇登载在1929年9月23日《巴仑周刊》上的研究价格运动的文章说，平均价格指数形成了前面提到的一个线态窄幅区间盘整的形态。在1929年10月21日，

《巴仑周刊》提醒到，到那时为止的一系列的上升和下降波动的意义富有熊市的意味。在1929年10月25日，一篇现在已经是非常著名的名为《趋势的反转》的评论文章刊登在《华尔街日报》上：从9月份以来的市场下跌，很明显是熊市的第一阶段。汉密尔顿在几周后突然辞世，应该讲，他最后一次关于市场趋势的预测是他最为杰出的一次股市预测。

第10章

次级反应运动

道氏理论

为便于讨论，我们把在牛市中的重大下跌运动，或者在熊市中的重要上升运动，认为是次级反应运动。次级运动的持续时间通常是 3 周到数月不等。这种间歇性的次级反应运动的价格回调，一般会回调到其前期从前一个次级反应运动结束开始的主要趋势运动价格变化行程的 33％～66％之间。这些次级反应运动常常让人们错误地以为是主要趋势发生了改变，明显的原因在于，那就是牛市第一阶段的价格运动，与后来被证实只是熊市中的次级反应运动，总是具有巧合的相似性。反过来讲，在牛市中，对于前期高点被达到之后的回调运动，和熊市第一阶段的价格运动，也总是具有巧合的相似性。

次级反应运动对于股票市场必不可少，就像蒸汽锅炉不可缺少安全阀一样。次级运动对于保证金交易者会构成最大的危险，同时，对于能识别次级运动，而不与趋势的反转相混淆的平均价格指数的学习者，也可能提供最好的获利机会。汉密尔顿说："次级反应运动是牛市运行的维护措施之一，它对市场的过度投机是最有效果的检查。"

当市场在进行次级反应运动时，经常被问的问题是："次级运动将会走多远呢?"就平均价格指数而言，合理和保险的说法是：对于重大的次级反应运动，一般是从主要趋势被打断后的趋势行程的1/3～2/3，或者更多。这样的概括具有极大的利用价值。可是，如果想要给次级运动以精确的限度，那就注定要失败，就像气象人员要精确地预报某一特定时刻的降雪厚度会是 3.5 英寸一样会失败。气象人员一般会正确地预报将要发生的有雪天气和大约的日期，可是却不能成功地预测出暴风雨出现的时刻和降雪的厚度。道氏理论的研究者和气象人员的情况是类似的。

造成市场次级反应运动的原因有许多，其中最为重要的原因是在熊市中的超卖和在牛市中的超买。这种超卖和超买的状况随着市场主要趋势的发展会加重，这常常被认做是市场的“技术状态”。次级反应运动的发生常被归咎于某一特殊的消息，可是真正的原因是市场本身的薄弱，使得市场容易产生次级反应运动。

随着一个健康牛市的发展，公众会更大量地参与购买股票。这样的购买动因是希望在更高的价格卖出股票，可是，未来总会有一天股票市场会出现卖方大于买方。那些专业交易者总是密切关注这种情况的出现，然后就尽力在市场中放空，使市场充满了卖空仓位，同时，那些跟风买进的可怜的人们在惊恐中卖出了他们的股票，这样就对趋势的反转起了推波助澜的作用。专业交易者和大众的合力卖出，造成股票价格剧烈地下跌。一个历时多个星期的牛市经常会有许多天的回调。这样的激烈下跌，会暴露出市场中一些位置不佳的买进仓位，导致其微利平仓而出场。如此的结果，是股票被打压到那些精明敏锐的交易者为开始他们下一次上升进行积累买进仓位的价格水平。

在熊市中，情况正好相反。那些愿意和需要持有现金的人们不断地清算其有价证券，导致市场报价日日走低。而专业人员意识到市场向下的空间比向上的发展空间大时，他们的卖出加速了市场的下跌。最终市场被打压到了抵押担保的价值之下。市场的卖空兴趣也许是太过度了，精明的交易者认识到，市场的清算，至少是在这个时候，已经到头了。正如平均价格指数所验证而表现的那样，他们开始为必然的周期性的反弹积累仓位。在 1910 年 7 月 29 日，当出现这样的情况时，汉密尔顿写道："正常的回调上升运动似乎现在已经开始，下跌行程的 40%将会被快速收复。但反弹之后若市场变得沉闷，绝大多数专业人员就会卖出股票，理论根据是，市场现在还没有足够的买方力量使真正牛市波段的假设成立。"

报纸上对这样的股市状况通常报道为"卖空逃亡"。卖空者快速地平仓，而且经常转为短线买进，再加上那些不明智的投资买进，导致整个市场急速上升。这样的上扬一直持续到市场的买进力量减弱，即那些在拐点处买进的人获利平仓时。古老的供给和需求规律继续不可阻挡地发挥作用，股价再次下跌，直到需求超过供给为止。在恐慌和半恐慌的下跌中，银行和其他的力量一般会买进一些股票来支撑市场，然后在股价上升中，再小心谨慎地卖出这些股票。在 1909 年 5 月 21 日汉密尔顿评论过这样的情况："股市成交量的减少有多种含义，在华尔街常被引用的最为老生常谈的信条，就是决不应该在沉闷的市场中卖空。此忠告也许经常来讲，对的时候多于错的时候，可是在长期持续发展的熊市中，这个信条永远是错的。在熊市中，上升会变得沉闷，而下跌却十分活跃。"

次级反应运动总是让人迷惑，汉密尔顿在表达他的困惑时，经常这样强调："牛市中的次级反应运动很难猜测，甚至其表现有时会容易使人上当。"次级反应运动频繁地提供了许多就像从牛市转为熊市的主要趋势反转的特征。正是由于在交易者的心理上也存有同样的混淆，才使次级反应运动起到对整个的市场极具价值的保险作用。在 1924 年 9 月 11

日，谈论到次级反应运动时，汉密尔顿声称：“对这个问题20多年讨论的经验告诉我们，市场中的次级反应运动，其本身外在的表现，不是受那些从牛市主要运动的特征得出的规律所支配的。牛市中的次级反应运动只是在方向上与熊市相似，而实质上却有所不同。”在牛市中，当上升受到的压力过大时，就会有次级反应运动发生，就像沸腾的蒸汽锅炉在压力超过安全系数之前，从安全阀中排压一样。在1922年11月3日，汉密尔顿对此点做了如下说明：“在研究一个没有经验主义和江湖骗术的科学体系中，牛市中存在次级反应运动的原理是不应该被忽视的。在这里曾经说明过，市场发展导致的次级反应运动，在其发生之前是不可能被预知的。次级反应运动对清除市场中过量的买入仓位有显著的效果。所以市场在进行它最有价值的服务功能，就是让市场价格撤回到了更安全的水平线上，直到市场所固有的，还不能肯定判断的不利征兆被彻底明确理解为止。的确，几乎可以说，对熊市的理解就是熊市的消溶。”

熊市中的平静，交易清淡的时候，一般是放空的佳机，而且，随后一般会发展成重大的下跌运动。然而，在市场已经经历了猛烈的下跌之后，伴随这种下跌运动，市场会进入半恐慌性的崩盘阶段，而此时回补空头仓位是明智之举，甚至还可以新开多头仓位。另一方面，当平静而坚挺的市场出现交易的活跃性和上升的力度时，就可以购买股票，在随后的市场动力和交易活跃性仍然在不断增加时平仓，或者是在成交量放大而市场却不再进一步上升时平仓。可是，如果一个投机者在牛市中放空，就只是在猜测交易次级反应运动，这样的卖空，赢利的可能性极小。对他而言，好得多的方法是在上升波段的赢利之后，然后在市场回调时待在场外，等待回调之后的必然的交易沉闷期的到来，这时候再进场做买进交易。回调之后的交易沉闷期，给了业余交易者能同有经验丰富的专业交易人员一起同路交易的机会。

次级反应运动具有一些人们可以识别和确认的特征，可是还有另一些次级反应运动的特征就连交易专家也难以预期。人们普遍认为，对于次级调整的起始点，根本不可能在任何精度上进行确定。任何与主要趋势方向相反的日间运动都有可能是次级调整的开始。经常是在股市处于恐慌和半恐慌的暴跌时，伴随着稳定、持续的成交量的增加就可以确定是反弹的开始，可是成交量的顶点和极限，也许是在主要趋势运动的最后一天达到，或者是在反弹的第一天或第二天达到。对于次级调整，一个确定的特征是这种逆主要趋势的运动的速度总是要比前期的趋势运动快。汉密尔顿注意到了这点，他说："在熊市中的反弹倾向于猛烈和不确定性。对于反弹行程所占用的时间，要比下跌这段行程时所用的时间要短。在牛市中，其回调特征也是如此。"经常一个趋势运动运行几周时间的行程，会在几天内回撤完。平均价格指数的研究者，通过察看过去几年的平均价格指数图，就可以看到类似的运动，这样也就使他们能够以一定的精确程度来确定次级调整和趋势运动之间的区别。在牛市的顶部，当平均价格指数转而下跌时，却让人怀疑不会有明显猛烈的下跌；另一方面，对于随后都被证明是一个新的牛市的开始的熊市底部的上升波浪，一般具有缓慢上升的同时带有频繁的小幅回调的特征，而且在下跌中成交量在明显降低。

如若在过去的几天中，铁路和工业平均价格指数不再在方向上相互印证，常常可以预示次级反应运动就要到来。可是这种特点不能当做规则来用，因为在绝大多数牛市的顶部和熊市的底部，也会有这样显著的特点。

关于次级反应运动，汉密尔顿在 1921 年 12 月 30 日的文章中写道:“华尔街的一句古老格言是:‘绝不要在沉闷的市场中卖出。’熊市中的反弹是猛烈的,可是对于有丰富经验的交易员来讲,他们会在反弹之后市场变得沉闷时,再度出击卖空。相反地,在牛市中,情况也是如此,交易员们会在市场经过回调的调整之后,变得沉闷时买进股票。”

市场重大的次级反应运动会走出一个形态,逆势运动分2～3个阶段完成,而且当然地,工业和铁路平均价格指数通常会互相确认彼此的运动。下面就对平均价格指数,包含在次级反应运动的上升和下跌波段运动,进行举例说明:

牛市中的一个一般典型的次级反应运动,就是在经历了1928年5月4日之前的长期上升之后进行的。在1928年5月4日,工业平均价格指数到达了220.88,铁路平均价格指数在5月9日达到147.05的高点,在5月9～14日之间,两个指数没有互相确认。到了5月22日,工业指数下跌到211.73,铁路指数下跌到142.02,随后到6月2日是一次反弹上升,工业指数升到了220.96,可是铁路指数却在144.33就停止了上升。到6月12日,工业指数跌到了202.65,铁路指数跌到了134.78。然后到6月14日,又是两个交易日的上升,工业指数达到210.76,铁路指数达到138.10。然后到6月18日,工业指数跌到201.96,铁路指数跌到133.51。可是其间的成交量却在持续降低,在最低点只比100万股多一点,而许多个月以来,成交量在200～400万股都很平常。这次下跌在普通的次级反应运动的范围内就结束了。

在1931年的6～7月间,平均价格指数走出了熊市中的典型次级反应运动。从当年的2月24日开始到6月2日的长时间下跌,使工业指数从194.36跌到121.70,铁路指数是从111.58跌到了6月3日的66.85。在接近低点的过程中,成交量在持续地增加。到6月4日,工业指数上升到了

134.73，铁路指数在随后的一天达到了 76.17。然后，在 6 月 6 日，工业指数下跌到了 129.91，铁路指数跌到了 73.72。跟着是反弹上升，到了 6 月 13 日，工业指数和铁路指数分别达到了 137.03 和 79.65。到了 6 月 19 日，指数价格分别跌到了 130.31 和 74.71。之后，发生了调整的最后一次上升浪，使得到了 6 月 27 日，到达了反弹调整的高点：工业指数为 156.93，铁路指数为 88.31。成交量曲线在到达调整顶点之前的几天就显示交易在减少。这次次级调整持续了 4 周，工业指数和铁路指数分别回调了从 2 月 24 日开始的下跌行程的 45%和 48%。2 月 24 日的价位是上次反弹的高点。

牛市中，次级反应运动的一个一贯性的特点，就是当回调到最低点时，一般会伴随有相当大的成交量。然后，市场会上升 1～2 天，同时成交量会保持或有少许减少。随后又是下跌，可是却没有跌破前期低点，如果成交量在这次下跌中出现减少，就可以认为次级回调已经完成，上升的趋势运动会重新启动。假如次级反应运动是在正常的回调范围内进行，其回调范围，应该是前期重大的次级回调结束后，开始主要趋势运动行程的 33%～66%之间。

在本章后面有对次级反应运动范围的百分比的详细分析。

有非常重要的一点需要强调，那就是每一个交易者在观察次级反应运动时，一定要始终考虑成交量的因素。成交量并不像其他特征那样具有统一的含义，可是在决定牛市中调整的安全买入点和熊市中的应该卖出点上，却很有价值。

每当股票价格在熊市中被打压出新低点，或在牛市中创出新高时，人们通常会肯定地假设市场在趋势的方向上会保持相当长的时间；可是每一个交易者都应该记住，从这样的市场价格的新顶峰和新谷底，也许会发生让人吃惊的、快速的次级反应运动。本章后面将附有次级调整运动的运动范围。次级反应运动是不可避免、必然发生的，对于次级反应运动及其历经时间可以给出很恰当的定义。一般次级反应运动的完成时间是需要3周到3个月不等，这期间却是保证金交易者的焦虑期。这期间会出现大家都知道的“双底”或“双顶”。通过趋势运动与调整的转折点和次级调整运动可能发生的范围，就可以确定一个价格调整运动的界线，只要价格运动处在这个确定的界限之内，交易员一般会“无所事事”。在调整时期，常会出现“线态窄幅区间盘整”形态。

比较而言，次级调整运动易于描述，却难以精确地定义。有时它会以“线态窄幅区间盘整”开始与结束，有时却不是如此。如果前期主要趋势运动进行得缓慢，随后的次级反应运动就会快速进行，伴随有“线态窄幅区间盘整”出现，这对于每一个超过8周的次级反应运动来讲都是相当一致的特征。

许多年以来，汉密尔顿就次级调整运动的时间和范围进行了大量的讲述。细心研读汉密尔顿全部文章的人会发现许多关于典型次级调整运动特征的文章。下面摘录的片断就是汉密尔顿对次级调整运动的代表性看法。

几年前，汉密尔顿写到，对于次级反应运动，“它倾向于过度反应，过去25年的股市记录表明，通常下跌趋势的反弹调整经常是会反弹到下跌行程的60%。在这样的反弹中，那些为支撑市场的强大集团派发了他们因支持那些弱势人们所买进的股票。随后市场的表现就取决于对这些股票的吸收能力。在这个几乎是自动的反弹之后，紧跟的是半恐慌性爆发，股票通常又被卖出，慢慢地，一天一天地，一般会跌回到第一次创出的低点价位。这不一定是主要趋势运动结束的标志，虽然这样的情况也时有发生。”

（1926 年4 月 4 日）

“在经历了剧烈的下跌凸显出真正股市恐惧之后，平均价格指数总是会有一个规则的反弹运动，大约要反弹到下跌行程的 40%～60%之间，然后因出于保护市场而买进的股票的卖出，股价又会下跌。”（1907 年 12 月 25 日）

“已经发现，市场在剧烈的下跌之后，会伴随有 40%或更多些的反弹上升，其反弹的速度比起前期的下跌来较为缓慢，由上下方向来回细小的波动构成，就像一个钟摆，在达到平衡时才停歇下来。这是在恐慌性股市崩溃之后的常有现象。”（1910 年 9 月 20 日）

“多年的测试表明，平均指数在经过长期上涨之后的下跌，一般会跌到上升行程的一半位置，然后市场就在前期低点和高点之间来回运动，一直到产生新的驱动力”（1906 年 4 月 16 日）

上面的言论是汉密尔顿在对次级调整运动进行的许多研究工作中得到的灵感，而且毫无疑问地证明了汉密尔顿的观察是正确的。这项研究完全是基于对这样一个事实的认识，也就是，任何人想用精确的数学来解释道氏理论关于次级反应运动的时间和范围都会失败。道氏理论，如前所述是实践性的学问，不能用数学的计算来定义。可是，正像气象局的许多年的天气记录有助于天气预报一样，把对次级反应运动的时间和范围的观察进行列表记录，对研究未来的市场运动有一些用处。

对道・琼斯公司记录的过去 35 年发生的铁路和工业股票平均价格指数波动的重大次级反应运动进行选择和排列成表，可能没有两个研究者会就选取的标准达成统一意见。本书的作者曾经尝试用多种方法对次级调整进行分类，每种方法都需要许多星期的枯燥单调的工作，可是没有一种方法能产生让人完全满意的结果。作者曾经做过这样的实验，把运行时间不足15天的所有认定的次级调整都忽略不计，结果是很多真正重大的次级反应运动被省略，而一些不重要的次级反应运动却保留下来。这样就不再考虑用时间因素划分，而考虑把平均价格指数变化在5%之内的次级反应运动省略掉，然后提高到7.5%～10%，可是应用这些方法总是使一些真正重大的次级反应运动被省略，而一些不重要的小的次级反应运动却保留下来。最终，他开发出了一个选定方法，由于此法太复杂，难以在这里细讲。用此法似乎可以忽略小的次级调整，而保留下重大的次级调整运动。表1统计了过去35年间工业股票平均价格指数的上升和下跌波段。从表1的日期和价格中分列出来的表2和表3，详细地显示了牛市和熊市的主要趋势运动和次级调整运动。把这些数据加以综合和平均，得出下列结论：

在熊市中，主要运动的平均时间是95.6天，而次级反应运动平均是66.5天，或者是69.6%的前期主要运动所用时间。在牛市中，主要运动平均是103.5天，次级运动是42.2天，或40.8%的主要运动所用时间。

汉密尔顿常讲，次级反应运动一般用时是3周到数月。在检验这条规则时，发现在熊市中，次级反应运动的65.5%是在20～100天结束，平均是47.3天。其中，占全部次级调整的45%的次级反应运动，在25～55天就到达相反运动的极点。在牛市中，相应的数据显示，在次级反应运动中，有比在熊市中较小的百分比，即60.5%是在20～100天之间完成的，平均是42.8天，总共占总数的44.2%的次级反应运动所用时间是25～55天。

汉密尔顿常说，他相信次级反应运动一般地会回调其先前的主要运动价格变化程度的40%～60%。在检验汉密尔顿的信条时发现，在熊市中，把全部的次级反应运动平均起来算，平均调整量是前期进行趋势运动行程的 55.8%。其中，有占 72.5%的次级调整运动，其反弹量要大于前期主要运动的1/3或小于2/3。把全部的反弹波段平均来算，是达到前期主要趋势运动行程的 49.5%。

对于牛市，相应的数据如下：全部的次级回调量平均占前期趋势上升的 58.9%，可是只有 50%的回调在前期上升量的1/3～2/3之间结束。对于这样结束的回调运动，平均回调量是前期上升行程的 54.9%。

看来对于次级反应运动，在熊市和牛市中，有足够多的相似性特征，可以把它们作为一个整体考虑，而不是把在熊市和牛市中的次级反应运动作严格的特征区分。按这种方法统计发现，全部的主要趋势运动在进行重大的次级反应运动之前，平均运行 100.1 个交易日，全部的次级反应运动平均时间是 52.2 天，其平均调整幅度是其前期趋势运动的 57.6%。

如果我们能说，对于重大、主要的次级反应运动结束于趋势行程量的 57%，那么投机就将会是件容易的事。不幸的是，经过详细的分析：全部次级调整运动的 7.1%在回撤到前期主要趋势运动的 10%～25%就结束了；有 25.4%的次级调整运动在回撤了 25%～40%后结束；有 18.8%的次级调整运动是在回撤了 40%～55%后结束；有 26.7%的次级调整运动是在回撤了 55%～70%后结束；有 8.5%的次级调整运动是在回撤了 70%～85%后结束；还有 14%的次级调整运动是在回撤超过了 85%后才结束。

当考虑次级反应运动时，时间经常是有用的因素。因为有占 73%的次级调整运动是在 55 个交易日内完成的，其中又有 60%比例的次级调整运动是在 25～55 天结束。

表 1　重要的趋势运动和次级反应运动：
道·琼斯工业股票平均价格指数

	日　期	价　格
下跌浪	1897 年 4 月 19 日	38.49
上升浪	1897 年 9 月 10 日	55.84
下跌浪	1897 年 11 月 8 日	45.65
上升浪	1898 年 2 月 5 日	50.23
下跌浪	1898 年 3 月 25 日	42.00
上升浪	1898 年 6 月 2 日	53.36
下跌浪	1898 年 6 月 15 日	50.87
上升浪	1898 年 8 月 26 日	60.97
下跌浪	1898 年 10 月 19 日	51.56
上升浪	1899 年 4 月 25 日	77.28
下跌浪	1899 年 5 月 31 日	67.51
上升浪	1899 年 9 月 5 日	77.61
下跌浪	1899 年 12 月 18 日	58.27
上升浪	1900 年 2 月 5 日	68.36
下跌浪	1900 年 6 月 23 日	53.68

续表

	日　　期	价　　格
上升浪	1900 年 8 月 15 日	58.90
下跌浪	1900 年 9 月 24 日	52.96
上升浪	1900 年 11 月 20 日	69.07
下跌浪	1900 年 12 月 8 日	63.98
上升浪	1900 年 12 月 27 日	71.04
下跌浪	1901 年 1 月 19 日	64.77
上升浪	1901 年 5 月 1 日	75.93
下跌浪	1901 年 5 月 9 日	67.38
上升浪	1901 年 6 月 17 日	78.26
下跌浪	1901 年 8 月 6 日	69.05
上升浪	1901 年 8 月 26 日	73.83
下跌浪	1901 年 12 月 12 日	61.61
上升浪	1902 年 4 月 24 日	68.44
下跌浪	1902 年 11 月 15 日	59.57
上升浪	1903 年 2 月 16 日	67.70
下跌浪	1903 年 8 月 8 日	47.38

续表

	日　期	价　格
上升浪	1903 年 8 月 17 日	53.88
下跌浪	1903 年 10 月 15 日	42.25
上升浪	1904 年 1 月 27 日	50.50
下跌浪	1904 年 3 月 12 日	46.41
上升浪	1904 年 12 月 5 日	73.23
下跌浪	1904 年 12 月 12 日	65.77
上升浪	1905 年 4 月 14 日	83.75
下跌浪	1905 年 5 月 22 日	71.37
上升浪	1906 年 1 月 19 日	103.00
下跌浪	1906 年 7 月 13 日	85.18
上升浪	1906 年 10 月 9 日	96.75
下跌浪	1907 年 3 月 25 日	75.93
上升浪	1907 年 5 月 3 日	85.02
下跌浪	1907 年 8 月 21 日	69.26
上升浪	1907 年 9 月 6 日	73.89
下跌浪	1907 年 11 月 22 日	53.08

续表

	日　　期	价　　格
上升浪	1908 年 1 月 14 日	65.84
下跌浪	1908 年 2 月 10 日	58.80
上升浪	1908 年 5 月 18 日	75.12
下跌浪	1908 年 6 月 23 日	71.70
上升浪	1908 年 8 月 10 日	85.40
下跌浪	1908 年 9 月 22 日	77.07
上升浪	1908 年 11 月 13 日	88.38
下跌浪	1909 年 2 月 23 日	79.91
上升浪	1909 年 8 月 14 日	99.26
下跌浪	1909 年 11 月 29 日	95.89
上升浪	1909 年 12 月 29 日	99.28
下跌浪	1910 年 2 月 8 日	85.03
上升浪	1910 年 3 月 8 日	94.56
下跌浪	1910 年 7 月 26 日	73.62
上升浪	1910 年 10 月 18 日	86.02
下跌浪	1910 年 12 月 6 日	79.68

续表

	日　期	价　格
上升浪	1911年6月19日	87.06
下跌浪	1911年9月25日	72.94
上升浪	1912年4月26日	90.93
下跌浪	1912年7月12日	87.79
上升浪	1912年9月30日	94.15
下跌浪	1913年3月20日	78.25
上升浪	1913年4月4日	83.19
下跌浪	1913年6月11日	72.11
上升浪	1914年2月3日	83.19
下跌浪	*1914年12月24日	53.17
上升浪	1915年1月23日	58.52
下跌浪	1915年2月24日	54.22
上升浪	1915年4月30日	71.78
下跌浪	1915年5月14日	60.38
上升浪	1915年10月22日	96.46
下跌浪	1916年4月22日	84.96

续表

	日　期	价　格
上升浪	1916 年 11 月 21 日	110.15
下跌浪	1917 年 2 月 2 日	87.01
上升浪	1917 年 6 月 9 日	99.08
下跌浪	1917 年 12 月 19 日	65.95
上升浪	1918 年 2 月 19 日	82.08
下跌浪	1918 年 4 月 11 日	75.58
上升浪	1918 年 5 月 15 日	84.08
下跌浪	1918 年 6 月 1 日	77.93
上升浪	1918 年 9 月 3 日	83.84
下跌浪	1918 年 9 月 11 日	80.46
上升浪	1918 年 10 月 18 日	89.07
下跌浪	1919 年 2 月 8 日	79.15
上升浪	1919 年 7 月 14 日	112.23
下跌浪	1919 年 8 月 20 日	98.46
上升浪	1919 年 11 月 3 日	119.62
下跌浪	1919 年 11 月 29 日	103.60

续表

	日　　期	价　　格
上升浪	1920年1月3日	109.88
下跌浪	1920年2月25日	89.98
上升浪	1920年4月8日	105.65
下跌浪	1920年5月19日	87.36
上升浪	1920年7月8日	94.51
下跌浪	1920年8月10日	83.20
上升浪	1920年9月17日	89.95
下跌浪	1920年12月21日	66.75
上升浪	1921年5月5日	80.03
下跌浪	1921年6月20日	64.90
上升浪	1921年8月2日	69.95
下跌浪	1921年8月24日	63.90
上升浪	1921年9月10日	71.92
下跌浪	1921年10月17日	69.46
上升浪	1921年12月15日	81.50
下跌浪	1922年1月10日	78.59

续表

	日　　期	价　　格
上升浪	1922 年 5 月 29 日	96.41
下跌浪	1922 年 6 月 12 日	90.73
上升浪	1922 年 9 月 11 日	102.05
下跌浪	1922 年 9 月 30 日	96.30
上升浪	1922 年 10 月 14 日	103.43
下跌浪	1922 年 11 月 27 日	92.03
上升浪	1923 年 3 月 20 日	105.38
下跌浪	1923 年 5 月 21 日	92.77
上升浪	1923 年 5 月 29 日	97.66
下跌浪	1923 年 7 月 31 日	86.91
上升浪	1923 年 8 月 29 日	93.70
下跌浪	1923 年 10 月 27 日	85.76
上升浪	1924 年 2 月 6 日	101.31
下跌浪	1924 年 5 月 20 日	88.33
上升浪	1924 年 8 月 20 日	105.57
下跌浪	1924 年 10 月 14 日	99.18

续表

	日　　期	价　　格
上升浪	1925 年 1 月 22 日	123.60
下跌浪	1925 年 3 月 30 日	115.00
上升浪	1926 年 2 月 13 日	162.08
下跌浪	1926 年 3 月 30 日	135.20
上升浪	1926 年 8 月 14 日	166.64
下跌浪	1926 年 10 月 19 日	145.66
上升浪	1927 年 5 月 31 日	172.96
下跌浪	1927 年 6 月 27 日	165.73
上升浪	1927 年 10 月 3 日	199.78
下跌浪	1927 年 10 月 22 日	179.78
上升浪	1928 年 1 月 3 日	203.35
下跌浪	1928 年 2 月 20 日	191.33
上升浪	1928 年 6 月 2 日	220.96
下跌浪	1928 年 6 月 18 日	201.96
上升浪	1928 年 9 月 7 日	241.72
下跌浪	1928 年 9 月 27 日	236.87
上升浪	1928 年 11 月 28 日	295.62

续表

	日　　期	价　　格
下跌浪	1928 年 12 月 8 日	257.33
上升浪	1929 年 2 月 5 日	322.06
下跌浪	1929 年 3 月 25 日	297.05
上升浪	1929 年 5 月 4 日	327.08
下跌浪	1929 年 5 月 27 日	293.42
上升浪	1929 年 9 月 3 日	381.17
下跌浪	1929 年 11 月 13 日	198.69
上升浪	1930 年 4 月 17 日	294.07
下跌浪	1930 年 6 月 24 日	211.84
上升浪	1930 年 9 月 10 日	245.09
下跌浪	1930 年 12 月 16 日	157.51
上升浪	1931 年 2 月 24 日	194.36
下跌浪	1931 年 6 月 2 日	121.70
上升浪	1931 年 6 月 27 日	156.93
下跌浪	1931 年 10 月 5 日	86.48
上升浪	1931 年 11 月 9 日	116.79

* 当计算工业平均价格指数的股票数量由 12 种变成 20 种时，就人为地使工业平均价格指数的价格降低了 19.84 点。

表 2　牛市：道·琼斯工业股票平均价格指数

趋势波段				次级反应运动			
起始时间	结束时间	历经交易日	趋势行程的点数	完成时间	历经交易日	回调的点数	回调点数占趋势行程点数的百分比（%）
1897 年 4 月 19 日	1897 年 9 月 10 日	144	17.33	1897 年 11 月 8 日	59	10.17	58.6
1897 年 11 月 8 日	1898 年 2 月 5 日	89	4.58	1898 年 3 月 25 日	48	8.23	179.5
1898 年 3 月 25 日	1898 年 6 月 2 日	69	11.36	1898 年 6 月 15 日	13	2.49	21.9
1898 年 6 月 15 日	1898 年 8 月 26 日	72	10.10	1898 年 10 月 19 日	54	9.41	93.2
1898 年 10 月 19 日	1899 年 4 月 25 日	188	25.72	1899 年 5 月 31 日	36	9.77	38.0
1899 年 5 月 31 日	1899 年 9 月 5 日	97	10.10				
1900 年 9 月 24 日	1900 年 11 月 20 日	57	16.11	1900 年 12 月 8 日	18	5.09	31.5
1900 年 12 月 8 日	1900 年 12 月 27 日	19	7.06	1901 年 1 月 19 日	23	6.27	88.8
1901 年 1 月 19 日	1901 年 5 月 1 日	102	11.16	1901 年 5 月 9 日	8	8.56	76.5
1901 年 5 月 9 日	1901 年 6 月 17 日	39	10.88				
1903 年 10 月 15 日	1904 年 6 月 27 日	104	8.25	1904 年 7 月 12 日	44	4.09	49.6
1904 年 3 月 12 日	1904 年 12 月 5 日	268	26.82	1904 年 12 月 12 日	7	7.46	27.8

续表

趋势波段				次级反应运动			
起始时间	结束时间	历经交易日	趋势行程的点数	完成时间	历经交易日	回调的点数	回调点数占趋势行程点数的百分比（%）
1904年12月12日	1905年4月14日	123	17.98	1905年5月22日	38	12.38	69.0
1905年5月22日	1906年1月19日	242	31.63				
1907年11月22日	1908年1月14日	53	12.76	1908年2月10日	27	7.04	55.4
1908年2月10日	1908年5月18日	97	16.32	1908年6月23日	36	3.42	20.9
1908年6月23日	1908年8月10日	48	13.70	1908年9月22日	43	8.33	60.8
1908年9月22日	1908年11月13日	52	11.31	1909年2月23日	102	8.47	74.9
1909年2月23日	1909年8月14日	172	19.35				
1911年9月25日	1912年4月26日	213	17.99	1912年7月12日	77	2.96	16.5
1912年7月12日	1912年9月30日	80	6.18				
1914年12月24日	1915年1月23日	30	5.35	1915年2月24日	32	4.30	80.4
1915年2月24日	1915年4月30日	65	17.56	1915年5月14日	14	11.40	64.9
1915年5月14日	1915年10月22日	161	36.08	1916年4月22日	182	11.50	31.8

续表

趋势波段				次级反应运动			
起始时间	结束时间	历经交易日	趋势行程的点数	完成时间	历经交易日	回调的点数	回调点数占趋势行程点数的百分比（%）
1916年4月22日	1916年11月21日	213	25.19				
1917年12月19日	1918年2月19日	62	16.13	1918年4月11日	51	6.50	40.3
1918年4月11日	1918年5月15日	34	8.46	1918年6月1日	17	6.11	72.3
1918年6月1日	1918年9月3日	94	5.91	1918年9月11日	8	3.38	57.2
1918年9月11日	1918年10月18日	37	8.61	1919年2月8日	113	9.92	115.1
1919年2月8日	1919年7月14日	156	33.08	1919年8月20日	37	13.77	41.6
1919年8月20日	1919年11月3日	75	21.16				
1921年8月24日	1921年9月10日	17	8.02	1921年10月17日	37	2.46	30.7
1921年10月17日	1921年12月15日	59	12.04	1922年1月10日	26	2.91	24.2
1922年1月10日	1922年5月29日	139	17.82	1922年6月12日	14	5.68	31.8
1922年6月12日	1922年9月11日	91	11.32	1922年9月30日	19	5.75	50.7
1922年9月30日	1922年10月14日	14	7.13	1922年··月27日	44	11.40	160.0
1922年11月27日	1923年3月20日	113	13.35				

续表

趋势波段				次级反应运动			
起始时间	结束时间	历经交易日	趋势行程的点数	完成时间	历经交易日	回调的点数	回调点数占趋势行程点数的百分比（%）
1923年10月27日	1924年2月6日	102	15.55	1924年5月20日	103	12.98	83.4
1924年5月20日	1924年8月20日	92	17.24	1924年10月14日	55	6.39	37.1
1924年10月14日	1925年1月22日	100	24.42	1925年3月30日	67	8.60	35.2
1925年3月30日	1926年2月13日	320	47.08	1926年3月30日	45	26.88	56.3
1926年3月30日	1926年8月14日	137	31.44	1926年10月19日	66	20.98	66.6
1926年10月19日	1927年5月31日	224	27.30	1927年6月27日	27	7.23	26.4
1927年1月27日	1927年10月3日	98	34.05	1927年10月22日	19	20.00	58.6
1927年10月22日	1928年1月3日	73	23.57	1928年2月20日	48	12.02	51.2
1928年2月20日	1928年6月2日	102	29.63	1928年6月18日	16	19.00	64.1
1928年6月18日	1928年9月7日	81	39.76	1928年9月27日	20	4.85	12.4
1928年9月27日	1928年11月8日	62	58.75	1928年12月8日	10	38.29	65.4
1928年12月8日	1929年2月5日	59	64.73	1929年3月25日	48	24.56	37.9
1929年3月25日	1929年5月4日	40	29.58	1929年5月27日	23	33.66	114.0
1929年5月27日	1929年9月3日	99	87.75				

表 3　熊市：道·琼斯工业股票平均价格指数

趋势波段				次级反应运动			
起始时间	结束时间	历经交易日	趋势行程的点数	完成时间	历经交易日	回调的点数	回调点数占趋势行程点数的百分比（%）
1899 年 9 月 5 日	1899 年 12 月 18 日	104	19.34	1900 年 2 月 5 日	49	10.09	51.7
1900 年 2 月 5 日	1900 年 6 月 23 日	138	14.68	1900 年 8 月 15 日	53	5.22	35.6
1900 年 8 月 15 日	1900 年 9 月 24 日	40	5.94				
1901 年 6 月 17 日	1901 年 8 月 6 日	50	9.21	1901 年 8 月 26 日	20	4.78	51.9
1901 年 8 月 26 日	1901 年 12 月 12 日	108	12.22	1902 年 4 月 24 日	133	6.83	55.9
1902 年 4 月 24 日	1902 年 12 月 15 日	235	8.77	1903 年 2 月 26 日	63	8.13	92.7
1903 年 2 月 16 日	1903 年 8 月 8 日	173	20.32	1903 年 8 月 17 日	9	6.50	31.5
1903 年 8 月 17 日	1903 年 10 月 15 日	59	11.63				
1906 年 1 月 19 日	1906 年 7 月 13 日	175	17.82	1906 年 10 月 9 日	88	11.57	64.9
1906 年 10 月 9 日	1907 年 3 月 25 日	167	21.36	1907 年 5 月 3 日	39	9.63	45.2
1907 年 5 月 3 日	1907 年 8 月 21 日	110	15.77	1907 年 9 月 6 日	16	4.64	29.5
1907 年 9 月 6 日	1907 年 11 月 22 日	77	20.81				
1909 年 8 月 14 日	1909 年 11 月 29 日	107	3.37	1909 年 12 月 29 日	30	3.39	100.6

续表

趋势波段				次级反应运动			
起始时间	结束时间	历经交易日	趋势行程的点数	完成时间	历经交易日	回调的点数	回调点数占趋势行程点数的百分比（%）
1909 年 12 月 29 日	1910 年 2 月 10 日	41	14.25	1910 年 3 月 8 日	28	9.53	66.9
1910 年 3 月 8 日	1910 年 7 月 26 日	140	20.94	1910 年 10 月 18 日	84	12.40	58.5
1910 年 10 月 18 日	1910 年 12 月 6 日	49	6.34	1911 年 6 月 19 日	195	7.38	116.5
1911 年 6 月 19 日	19··年 9 月 25 日	98	14.12				
1912 年 9 月 30 日	1913 年 3 月 20 日	171	15.90	1913 年 4 月 4 日	15	4.94	31.1
1913 年 4 月 4 日	1913 年 6 月 11 日	68	11.08	1914 年 2 月 3 日	237	11.08	100.0
* 1914 年 2 月 3 日	1914 年 12 月 24 日	324	10.80				
1916 年 11 月 21 日	1917 年 2 月 2 日	73	23.14	1917 年 6 月 9 日	127	12.07	52.2
1917 年 6 月 19 日	1917 年 12 月 19 日	135	33.13				
1919 年 11 月 3 日	1919 年 11 月 29 日	26	16.02	1920 年 1 月 3 日	35	6.28	39.2
1920 年 1 月 3 日	1920 年 2 月 25 日	53	19.90	1920 年 4 月 8 日	42	15.67	78.7
1920 年 4 月 8 日	1920 年 5 月 19 日	41	18.29	1920 年 7 月 8 日	50	7.15	39.1
1920 年 7 月 8 日	1920 年 8 月 10 日	33	11.31	1920 年 9 月 17 日	38	6.75	59.6

续表

趋势波段				次级反应运动			
起始时间	结束时间	历经交易日	趋势行程的点数	完成时间	历经交易日	回调的点数	回调点数占趋势行程点数的百分比（%）
1920 年 9 月 17 日	1920 年 12 月 21 日	95	23.20	1921 年 5 月 5 日	135	13.28	56.6
1921 年 5 月 5 日	1921 年 6 月 20 日	46	15.13	1921 年 8 月 2 日	43	5.05	33.4
1921 年 8 月 2 日	1921 年 8 月 24 日	22	6.05				
1923 年 3 月 20 日	1923 年 5 月 21 日	62	12.61	1923 年 5 月 29 日	8	4.89	38.8
1923 年 5 月 29 日	1923 年 7 月 31 日	63	10.75	1923 年 8 月 29 日	29	6.79	63.2
1923 年 8 月 29 日	1923 年 10 月 27 日	59	7.94				
1929 年 9 月 3 日	1929 年 12 月 13 日	71	182.48	1930 年 4 月 17 日	155	95.38	52.3
1930 年 4 月 17 日	1930 年 6 月 24 日	68	82.23	1930 年 9 月 10 日	78	33.25	40.4
1930 年 9 月 10 日	1930 年 12 月 16 日	97	87.58	1931 年 2 月 24 日	70	36.85	42.1
1931 年 2 月 24 日	1931 年 6 月 2 日	98	72.66	1931 年 6 月 27 日	25	35.23	48.5
1931 年 6 月 27 日	1931 年 10 月 5 日	100	70.45	1931 年 11 月 9 日	35	30.31	43.0
1931 年 11 月 9 日	1932 年 1 月 5 日	57	45.55				

* 当计算工业平均价格指数的股票数量由 12 种变成 20 种时，就人为地使工业平均价格指数的价格降低了 19.84 点。

第11章

日间波动

道氏理论

仅仅依据一天的平均价格指数运动来进行推论，几乎肯定会得出误导性的结论；只有市场形成了“线态窄幅区间盘整”形态后，如此推论才有一些判断价值。无论如何，一定要记录和研究每天的平均价格指数的运动，因为一系列的日走势图，总是最终会形成易于识别的、具有市场预测价值的形态。

就市场中任何一天的平均价格指数和成交量而言，其具有的意义不大，可是，永远不应忽视每一天的市场价格，因为只有在日间波动本身形成具有确定的预测价值的图形形态时，才能对全部的价格结构形态进行研究。一段钢材不能造一座桥，可是工程师们都知道，这段钢材一定是完整结构中的确切组成部分。

当市场已经在相当长的时间里形成“线态窄幅区间盘整”时，日间的波动就很有意义了，而且与应用道氏理论有直接的关系，这方面内容将在后面的章节中讨论。可是，除了这种例外的情况，依据一天的平均价格指数运动来进行推论，几乎肯定会得出误导性结论。交易者用这样的方法得出结论，只能是猜测而已，并非是对道氏理论的恰当应用，虽然他们会为自己的错误而归罪于道氏理论。汉密尔顿频繁宣称：“股票市场价格的日间波动是没有逻辑性的。”（1929 年 7 月 29 日）然而，对于那些坚持使用日间波动的人——这样的人大有人在。从汉密尔顿下面的话中能得到一些鼓励:“市场的日间波动偶尔也会有某种帮助。”(1910 年 8 月 30 日)然而,汉密尔顿告诉我们,道氏理论一般是不理会单日的价格波动的。

第12章

两个平均价格指数必须互相确认

道氏理论

铁路和工业股票的平均价格指数运动一定要永远一并考虑，两种平均价格指数必须相互确认。只有在这个条件下，才有可能得出可靠的市场结论。如果只是根据其中之一的平均价格指数的表现做出结论，而没有得到另一个平均价格指数的确认，这样的结论几乎肯定会是误导性的。

道氏理论最有用的部分，甚至是每一天都必须牢记的部分，就是只有当股价的运动得到了两个平均价格指数运动的确认时，才有考虑它的价值。许多声称理解道氏理论的人，如果碰巧是在交易工业股票，就只考虑工业股票的平均价格指数。有些人只用一个平均价格指数图，就声称能正确地解读价格运动。有时，这样得出的结论事实上似乎也是正确的，可是长此以往，这样的做事程序必然会导致灾难性的后果。

有些研究者认为公用事业平均价格指数比铁路平均价格指数更具有阐明的意义，因为前者的股票交易更活跃。在此并不想就这个问题进行争论，可是也许会相应地提出这样的问题：为什么不用铜矿股票平均价格指数？或者为什么不用一组汽车股票的平均价格指数呢？对于那些提出认为应该使用公用事业平均价格指数问题的人，最好的回答就是告诉他，经过测试证明，当应用于与工业和公用事业平均价格指数相关的变动时，道氏理论根本不怎么有效果[1]。道氏理论是专门论述铁路和工业股票平均价格指数运动的，任何其他的方法都不是汉密尔顿所阐述的道氏理论。

为什么道氏没有尽力来解释两个平均价格指数必须互相确认的原因，这点让人难以理解。道氏的理论是以这种观察为基础的，那就是在随后被证实是真正的运动时，两个平均价格指数总是互相确认的。当汉密尔顿在写他的《股市晴雨表》时，也是忽略了对为什么铁路平均价格指数要必须总是确认工业平均价格指数进行解释。如此这般，我们现在不妨冒昧地以简单的逻辑推理，给出一些解释说明。

让我们先思考一下经济增长的循环究竟是怎样的：在经历过一段经济萧条时期后，工厂依旧闲置，到处都突显失业和世事艰难。商品的库存很少，购买力大大地降低，红利一落千丈；可是人们依旧得吃饭穿衣，有更多的孩子出生，机器设备在生锈，劳动成本极大地削减。终于，有这样的一天来到，当钢铁公司的销售经理回顾行业报告时，发现虽然现在手上没有定单，可是大量地建造桥梁和公寓住宅，这些都需要钢材，所以要提前考虑到需求。销售经理就到总经理那儿汇报和讨论市场情况，然后总经理就询问钢厂的主管，如果经济复苏，要多久才能使钢厂运转生产，钢厂的主管坚持说，只有更换高炉的炉衬，才能增加产量。总经理要求董事会批准更换高炉的炉衬，然后维修工作开始了。砖、石灰和沙子被铁路运抵钢厂，雇佣工人来更换高炉的炉衬。铁路公司的运输经理向他的总经理汇报了钢厂的货物运输情况，并

① 没有利用公用事业股票平均价格指数的实际原因，是因为在公用事业领域，各个领先的公司之间存在着连锁关系，这种连锁关系会导致整个的公用事业平均价格指数也许会受到某一两只股票状况的直接影响。

建议如果钢厂开始花费资金投入生产，经济的状况就会有好的改善。然后铁路公司的总经理和他的主管人员讨论这些情况，决定检修矿石运输车，为拉矿石到高炉做准备。这样就要购买一些涂料和雇佣一些工人。修理高炉和矿石运输车的工作获得了工资，这就意味着这些人增加了点儿购买力。他们会去购买皮鞋等物品，这样，进一步耗尽了零售商的存货。以皮鞋为例，制鞋工厂就会收到要新货的定单，这样，制鞋工厂就需要更多的皮革和制革工，以及更多的兽皮。为了造桥梁和公寓住宅，一些钢材需要购买，结果，高炉点火，矿石开始运输。也许在其他的经济链中，也有类似进展发生。

现在钢铁公司除了其发表的公告在一定范围内引起了关注，还没有赚到什么钱，也许像前面举例提到的订单是如此之小，如果以运输的吨位来算都可以忽略不计。然而，不管怎样，铁路由于运输砖和矿石收到了现金，同时，增加的生产活动立刻就反映到运量的装车数和铁路的收益上。如果这样的思路听起来合理的话，按逻辑讲，铁路股票就应该即使不是超前工业股票的运动，也应该与工业股票一起运动。购买的原材料必须要靠运输业来运送到工厂，而且，即使有其他运输公司不断增加的竞争，铁路还是非常具有被选择的优势。

要想有效地利用道氏理论，那么就绝对必须完全彻底地理解等待两个平均价格指数的确认的必要性。因为这一点非常重要，即使重复性的言论会显得有些罗唆，最好还是多多引用一些汉密尔顿对这个问题的论述。下面的一些摘录片段就是出自汉密尔顿多年所写的文章：

“……道氏理论……规定两个平均价格指数要互相确认。这一点在股市主要趋势运动的初期总会是这样的情况，可是当市场转而进入次级调整时，却不会如此。原因很明显，这是与《股市晴雨表》的保守思想相一致的，《股市晴雨表》的书名之所以好，就是由于其谨慎而非张扬。”（1926 年 4 月 6 日）

“工业组股票（与铁路组股票分离）的次级调整运动也许会比铁路组股票的调整运动更为剧烈，或者，也许由铁路组股票来引领调整运动。而且，几乎无须多言，即使在主要趋势运动中，20 种活跃的铁路股票和 20 种活跃的工业股票，也不会出现你涨一点儿，我也涨一点儿的同步运动，不会出现步调完全一致。”（《股市晴雨表》）

“对于没有得到另一个平均价格指数确认的运动，道氏总是会忽视这样的价格运动。从道氏辞世以来所经历的事实表明，这是阅读平均价格指数的明智方法。道氏理论认为，对于下跌的次级回调运动，当两个平均价格指数都在上一轮回调的前期的低点的基础上跌出新低点时，可能最终就会建立起主要趋势的起点。”（1928 年 6 月 25 日）

“对两个平均价格指数进行人为操纵绝非易事，而没有得到另一个平均价格指数确认的表现，一般不会引起重视。”（1928 年 7 月 30 日）

“看来似乎是明显的结论，由于没有得到两个平均价格指数的确认，商业前景的不确定性依然继续……”（1924 年 5 月 24 日）

“现在时常有以道氏理论的平均价格指数为基础的对股票价格运动的讨论，已经反复强调，单从一种平均价格指数中得出的结论，尽管有时很具意义，但可能更容易会是假象；而从两个平均价格指数互相确认中得出的结论，就会有最高的预期价值。

“所以说，在两周前，当铁路平均价格指数攀升单独创出新高点时，如果有工业平均价格指数跟随其后上升，那么就可以说这是一个很强的牛市指示，现在，工业平均价格指数也有了类似的上升运动，这就对上升趋势的继续增加了正面的指示。”（1922 年 7 月 24 日）

“……当两个平均价格指数不互相证实的时候，平均价格指数的指示总会容易给人造成假象。”（1922 年 11 月 3 日）

“解读平均价格指数，有一个虽然有些消极，但却相当保险的规则。两个平均价格指数有一个有所表现，并不比两个指数都没有表现在意义上强多少，两个平均价格指数必须相互确认……”（1928 年 8 月 27 日）

“有一条可靠的经验，那就是两个平均价格指数必须互相确认，这也是为什么选择了两组不同类型的 20 种股票的原因，而不是选用一组 40 种各类股票。”（1925 年 5 月 25 日）

“一个平均价格指数出现新高或者新低，而没有得到另一个平均价格指数的确认，这几乎总是假象。其原因不难寻找，一组有价证券的行为是对另一组有影响的。而铁路股票被抛售完毕，如果工业股票还有大量的供给量的话，就不能使全部的平均价格指数的股票都上升。”（1913 年 6 月 4 日）

“根据以往的经验，这些单独的运动，通常是假象，可是一旦两个平均价格指数一起上升或下跌时，对市场的整体运动的指示就很准确。”（1913 年 9 月 8 日）

“……当一个平均价格指数突破了前期低价位，而另一个指数却没有；或者，一个平均价格指数的短期波动创出新高，没有得到另一个平均价格指数的支持，那么根据这种表现所得出的结论，几乎总是虚假的。”（1915 年 2 月 10 日）

“单从一个平均价格指数得出结论，而没有得到另一个指数的确认，有时结论会是误导性的，所以总是要警惕对待……”（1925 年 6 月 26 日）

“再一次值得强调的是，除非两个平均价格指数同步运动，否则其运动是具有欺骗性的。”(1915 年 6 月 9 日)

“根据道氏理论在对价格运动的研究中，不断地发现，20 种铁路股票的平均价格指数和 20 种工业股票的平均价格指数必须相互确认时，才会对市场提供可信的预期。”(1922 年 7 月 8 日)

“确实可以这样讲，对于一个平均价格指数的新高或新低，若没有得到另一个平均价格指数的确认，就一律具有欺骗性。自从建立这两个指标以来，在每一次的主要趋势运动中，两个平均价格指数总是同时出现新高和新低。”(1921 年 5 月 10 日)

“当工业指数和铁路指数同时创新高点时，其指示作用总是较强烈的……”(1919 年 7 月 16 日)

“当一个平均价格指数突破了线态窄幅区间盘整形态，而另一个平均价格指数没有，这常常会出现误导。可是，如果两个平均价格指数同步完成，那么大量的经验表明，对市场趋势具有指示作用。”(1914 年 4 月 16 日)

“最容易犯错的方法之一，就是按一个平均价格指数的指示，而却没有得到另一个平均价格指数的明确确认。”(《股市晴雨表》)

“如经验所示，绝对也没有必要，对于主要趋势运动的低点或高点，要两个平均价格指数在同一天出现。若两个平均价格指数都确认，我们就认为市场已经反转，即使后来一个平均价格指数出现了一个新低点或一个新高点，可是却没有得到另一个平均价格指数的同步确认。前期的两个平均价格指数都出现的低点或高点可以被认为是市场转折的最佳表现。”(《股市晴雨表》)

“这个例子足以强调这样一个事实，那就是两个平均价格指数在强度上会有所不同，可是在方向上却不会有本质上的差异。尤其在主要趋势运动中情况更是如此。全部多年的平均价格指数的表现都证明了这条规则的完全可靠性。而且，不仅对主要趋势运动是如此，就是对于次级的调整运动也大体如此。这条规则对日间波动不适用，应用到个股也许会出现严重的误导。”（《股市晴雨表》）

平均价格指数的研究者将会发现，有一段时间间隔，铁路和工业的平均价格指数停止了互相确认。这是因为在美国参加了第一次世界大战之后，铁路立刻由联邦政府接管，这样，铁路就具有了固定收益的保证。如此，在那段时期，也就减少了在铁路股票上的投机活动，因为铁路股票有了固定收益，其波动与债券一样。出于这个原因，在研究平均价格指数时，把这段时期排除在考虑之外是明智的做法。

第13章

确定趋势

如果上升浪能连续不断地突破前期的高点，而随后的下跌能在前期低点之上结束，这样的市场就是牛市趋势。反之，若上升浪不能超过前期的高点，而随后下跌的低点却比前期的低点低，这样的市场就是熊市趋势。用这样的推理所得出的结论，在评估次级的反应运动时很有用，但这项推理规则的最为重要的作用，是预测主要趋势的重新开始、继续和改变。为了便于讨论，我们把在一天或多于一天的时间里，平均价格指数的反向运动超过了平均价格指数的 3%，这样的运动看成是一个上升浪或下跌浪。这种运动，只有得到了两个平均价格指数在方向上的相互确认才可信。不过两个平均价格指数的确认，并不要求必须在同一天发生。

牛市中，对于次级反应运动中的上升浪的含义，汉密尔顿做出了如下解释："……在对平均价格指数的解读中，一个经过完全检验的规则是，只要在一个次级反应运动的上升浪中，两个指数中都创出新高点，那么，主要的趋势波段就会继续进行。关于两个指数所创出的高点，在时间上不必要求在同一天，甚至是同一周，只要两个指数能互相确认即可。"（1921 年 12 月 30 日）

永远要牢记，单个平均价格指数的新高点或新低点，若没有得到另一个指数的确认，就具有欺骗性。这样的运动虽然有时也被证明具有重大意义，但却经常只是表示一种次要性的变化。

创出新高或者新低，并且被确认，就表明趋势的控制力量依然起作用，一直到为后来所明确确认的行为所抵消为止。例如，如果在牛市中出现新高点，那么，就可以据此预计出牛市还会继续相当长的一段时间。还有，如果其中的一个平均价格指数后来发生调整，回调到前期高点以下，甚至是前期的低点以下，可是另一个平均指数却没能做出相应的确认，那么就可以推断，这样的现象表示其前期的牛市依然会起作用。汉密尔顿对此做了如下解释："股市的晴雨表并不是每天、每时都给出指示。根据查尔斯·H·道的理论，一个指示在没有被另一个指示取消之前就依然有效，或者以某种方式得到增强，例如当工业平均指数确认铁路平均指数时，反之亦然。"（1929 年 9 月 23 日）

如果牛市经过剧烈的次级反应运动，之后的上升浪在合理的时间内没能创出新高点，并且还进一步猛烈地下跌，跌破到前期次级反应运动的低点以下，一般说来，就可以认为主要趋势已经从牛市改变到熊市。反过来讲，熊市中，在下跌趋势导致两个平均价格指数均创出新低点时，然后是重要的次级反应运动，可是如果在反弹后的再次下跌中没能让两个平均价格指数创出新低点，并且随后的两个平均价格指数的上升浪又超过了前期重要次级反弹的高点，那么就可以得出推断，主要趋势已经由熊市转变成牛市了。关于这条规则，当考察超过 35 年的平均价格指数图时，只会发现有几起例外的情况。

许多交易者都试图在小的调整上应用上述的规则，却忘记了一般的次级反应运动会持续 3～12 周，回调到发生上一次重大次级反应运动之后，主要趋势运动行程的1/3～2/3之间。对于研究者，要想完全理解小的上升和下跌浪的意义，最好的方法是研究记录过去的全部平均价格指数的日间走势图。

据汉密尔顿所言："道氏总是忽略单一的、没有得到另一个平均价格指数确认的运动。从道氏去世到现在的经验表明，用这种方法解读平均价格指数是明智之举。对于道氏理论而言，向下的次级反应运动也许最终会成为主要趋势，只有当两个平均指数都下跌到前期的次级反应运动的低点之下时，才能确认其重要意义。"（1928 年 6 月 25 日）

因为简明易懂地解释上升和下跌的意义总是被证实是很难的，也因为当利用平均价格指数作为预测工具时，恰当地理解价格的上升与下跌与前期相似运动的不同，是非常至关重要的。虽然只是重复和语句有别，但再次引用汉密尔顿的话也许不失为明智的做法。"在每日的运动中，每当发生一系列的上升和下跌时，如果总是得到铁路和工业两个平均价格指数的确认，并且上升立刻冲破了前期的高点，或者是下跌没能跌破近期的低点，那么，在近期是具有上升的含义，可是却不一定就指示出主要趋势是牛市。"

在牛市中，如果两个平均价格指数在一系列的上升和下跌中，冲破了前期达到的系列高点，就可以稳妥地推论牛市还会持续相当长的一段时间。反过来讲，在连续的上升和下跌波段中，如果其上升的高点都没能冲破最近的前期高点，随后的下跌又跌到了前期的低点之下，这就表示在近期市场具有下跌的性质，虽然并不一定意味着主要趋势是熊市。另一方面，如果一系列的上升和下跌波段突破了熊市的最低点，一般合理的推论是还会有更低价格的可能性。如果牛市中的下跌浪跌到了上次主要次级反应运动的最低点以下，一般也许就可以假定主要趋势已经从牛市改变到熊市。当然，反过来讲，通常也是一个可靠的方法来确定何时熊市趋势运动已经变成牛市趋势的开始。

偶尔发现例外也是合理的，否则，这些规则就会形成一个击败市场的确定无疑的方法。当然，这样一来的结果也就很快会导致市场消失。

第14章

线态窄幅区间盘整

道氏

理论

一个“线态窄幅区间盘整”的形态，一般持续2～3周，或者更长的时间。在此期间内，两个平均价格指数的价格变化处于大约5%的窄幅区间范围内。这样的运动表示市场在收集或者派发。如果两个平均价格指数同时向上突破“线态窄幅区间盘整”的区间，就表明市场是处在收集阶段，价格会走得更高；反之，如果同时向下突破“线态窄幅区间盘整”的区间，就表明市场是在派发，价格肯定会继续下跌。如果只是从一种平均价格指数的运动得出结论，若没有得到另一个平均价格指数的确认，所得结论一般是错误的。

道氏理论涉及的“线态窄幅区间盘整”这部分内容，已经被证明是相当地可靠，以至于几乎可以用公理而不是定理来称呼更加恰当。可是，难以让大多数交易员满意的是，“线态窄幅区间盘整”并不是频繁发生的，结果很多努力寻找这种形态的人，把不是“线态窄幅区间盘整”的形态当成了“线态窄幅区间盘整”形态。而且，许多交易员坚持从一个平均指数就得出“线态窄幅区间盘整”的结论，而并没有得到另一个平均指数的确认，这更是一种非常危险的行为。还有另外一些人，当看到一个线态窄幅区间盘整形成时，就尝试猜测平均价格指数将要突破的方向，然后就基于其猜测，而买进股票握在手里，也不管后续的平均价格指数运动也许会证明他们的判断是错误的。“事实上，当市场在进行线态窄幅区间盘整时，世界上最难的事就是说出其本质上是在买进或是在卖出，其实收集和派发都在进行，没有人能说出哪一方最终会形成市场最大的压力。”(1922 年 5 月 22 日)

有些人坚持要用精确的数字来对线态窄幅区间盘整的时间和幅度进行解释说明，这样的做法不会成功。价格变化的允许范围是与前期的投机活动联系在一起考虑的，还要和前期波动的剧烈与否的程度进行比较。这就是为什么说成功地应用道氏理论进行投机，必须是艺术和科学相结合的诸多原因之一。任何人试图用精确的数字解释说明道氏理论，就像一位要切除病人阑尾的外科医生，不管他的病人的年龄、性别、身高和体形，都是用离脚背 38 英寸、深度 2 英寸来确定阑尾的位置来做切除手术。

汉密尔顿曾讲，一个线态窄幅区间盘整的突破，至少是表示了市场的次级反应运动的方向改变，有时还会是市场主要趋势方向发生变化的指示。

在对“线态窄幅区间盘整”的讨论中，下面的一些引用片段，比较精确地定义了线态窄幅区间盘整的区间高度。应该记住的是，汉密尔顿的这些言论是多年以前写的，当时的平均指数一般还在 100 点以下。在本章的后面，将要引用汉密尔顿关于在平均价格指数已经远远高于早些年的价位水平时，如何对“线态窄幅区间盘整”进行评价。

汉密尔顿早期的一个典型的关于“线态窄幅区间盘整”的评论如下：

“对平均价格指数详细察看，就会发现有一些时期，如在几周之内，平均价格指数都是在做窄幅的波动。例如，工业指数是在 70～74 之间波动，铁路指数在 77～73 之间波动。这在技术上讲市场是在‘形成线态窄幅区间盘整’，而且经验表明，这表示市场在进行派发，或者是在收集。当两个平均指数升到盘整的高点之上时，就意味着是很强的上升趋势。这也许是熊市中的次级反弹运动，而在 1921 年，却表明是延伸到 1922 年的牛市趋势的开始。

“可是，如果两个平均指数是向下突破盘整的下限，很明显，股票市场已经达到了气象学家所说的‘饱和点’，随后将是陡然的急速下跌，这也可能是牛市中的次级回调运动，也可能是像市场在 1919 年的 10 月那样，是熊市趋势的开端。”（《股市晴雨表》）

几年前，对“线态窄幅区间盘整”是用下列语言表述的：“通过运用查尔斯·H·道的理论对股市运动的检验，和在股票市场的多年经验，研究者们已经领悟了关于平均价格指数的‘线态窄幅区间盘整’的重大意义。要想从‘线态窄幅区间盘整’中获得真正有价值的结论，要求具备严格的条件：工业和铁路平均价格指数要互相确认；窄幅盘整的时间一定要有足够的长度，这样才相对于成交量的量能做出真正检验；其间的日间波动幅度要非常之窄，不超过 4 点的范围。只有满足了这些条件，才能对窄幅盘整做出重要的判断结论。”（1922 年 5 月 8 日）

紧接着是另外一种解释：“有一个让我们很满意的例子，在一段时期内的窄幅区间交易，也就是我们称之为‘线态窄幅区间盘整’，随着交易日的增加，其意义也与日俱增，这样的交易状态就意味着市场在收集或者派发，而且随后的价格运动就会表现出市场中股票是变得稀缺，还是由于超量供给达到了饱和。”（《股市晴雨表》）

在 1909 年 3 月 17 日，汉密尔顿说道：“在 3 月 3 日和 3 月 13 日之间，纯变化量不超过 1%的 3/8。这样稀奇的上下来回拉锯式的运动非常少见，而且常常是市场整体趋势变化波浪出现的前兆。”此次，在两个平均价格指数突破“线态窄幅区间盘整”的上边界后，走出了价格上升幅度达到 29%的上升波浪。

有时从价格不怎么波动的市场也能得出有用的推论，就如汉密尔顿所指出的那样："当股票的平均价格指数只是在做微不足道的波动时，从这种市场状况依然有可能得出有用的推论。这样的状况对'那些待在场外，等待机会的人也有利用价值'。"(1910 年 9 月 20 日)

关于"线态窄幅区间盘整"预测价值有效性的持续时期，汉密尔顿曾经这样表达他的结论："以前的经验告诉我们，在市场顶部的一个线态窄幅区间盘整区域被向下突破后，即工业和铁路两个平均价格指数都是如此，那么，只有这最后的一个市场高点被再次达到后，我们才能假定在平均价格指数中显示出了牛市的气息。"(1911 年 3 月 6 日)

在 1911 年的 5 月 4 日到 7 月 31 日，形成一个完美的"线态窄幅区间盘整"的例子。当"线态窄幅区间盘整"的底边被突破后，随后是猛烈的下跌，这后来被证实是熊市结束的最后一跌。当这个"线态窄幅区间盘整"在形成时，汉密尔顿写道："一个长时间的线态窄幅区间盘整，就像平均价格指数过去的几周所表现的，再加上有限的成交量，这些表现有一种或两种含义：一种是股票在新的高位已经被成功地派发；或者是，股票已经被大量地收集，所收集的总量之大，足以确认相信股价会上升的观点，已成为主流的市场观点。"(1911 年 7 月 14 日)

在 1912 年 1 月 17 日，当时一个"线态窄幅区间盘整"形成后，随后是几个月的几乎是没有被间断的攀升。汉密尔顿写道："非常惊人，20 种活跃的铁路股票的平均价格指数仅在 115～118 之间波动；而同时期的工业平均价格指数是在最大值 82.48 到最小值 79.19 之间波动。这样一个明显的持续状态，就是被称之为收集或派发的一个'线态窄幅区间盘整’状态，这个窄幅盘整状态是在我前一期价格运动的讨论文章刊登之后的前一周建立起来的。这样的窄幅波动，对于有经验的平均价格指数研究者来讲，意味着无论随后的市场运动是上升还是下跌，都会是剧烈的波动。如果这么长时间的价格波动的停顿，没有价格的上升，是由于对股票的收集所造成的，其结果应该不久就会显现出来，即两个平均价格指数都会向上突破线态窄幅区间盘整的界限。请注意‘线态窄幅区间盘整’在市场分析中的含义，并不是指严格的‘没有宽度只有长度的直线’，它的含义是只有一点宽度的长度范围，其宽度对于铁路股票指数是小于 3 点，对于工业股票指数比 3 点多一点点。”

因为“线态窄幅区间盘整”有时会引起混淆，汉密尔顿在 1913 年 9 月 8 日所言会有所帮助：“就两个平均价格指数而言，已经有将近一个月，其波动的范围就是 2 点多一点。在 8 月 28 日，工业股票平均指数上升超过其线态窄幅区间盘整的上限，可是铁路股票平均指数却没有相应的突破上限的确认表现。在 9 月 3 日，铁路股票平均指数突破了线态窄幅区间盘整的下限，可是工业股票平均指数却挺住未下跌。这样对于平均价格指数的读者，应待在场外观望，特别是现在两个平均价格指数都回到旧的窄幅盘整范围内。无论是对于窄幅盘整的哪个方向的突破，如果是两个平均价格指数同时运动，特别是对于向下突破而言，根据以前的经验，就会对未来的进一步运动给出重要的指引。”（1913 年 9 月 8 日）

关于“线态窄幅区间盘整”，汉密尔顿在 1914 年写过很多议论。虽然他看到的“线态窄幅区间盘整”坚持显示股市在派发，他显然觉得牛市应该会继续进行。在之后的几年，汉密尔顿总是坚持认为市场的这些“线态窄幅区间盘整”是表示德国人在为世界大战作准备而在派发美国证券。汉密尔顿在 1914 年 4 月 16 日所写的文章片段，具有代表意义：“4 月 14 日之前的 70 个交易日里，12 种工业股票的平均价格指数没有超过 84，也没有低过 81；而在之前的 40 天里，20 种活跃的铁路股票的平均价格指数，从来也没有超过 106 和低过 103。对照《华尔街日报》的记录，这两个平均指数都在 3 点的区间内波动，并且，这两个平均指数在 4 月 14 日，都同时突破了‘线态窄幅区间盘整’的下限。”

“根据所有的对前期平均价格指数的经验，市场显示着如此的熊市气氛，以至于可以认为早在 1912 年 10 月开始的熊市趋势又将恢复。”

研究者被告诫到，只是一个平均价格指数的线态窄幅区间盘整是没有预测价值的，汉密尔顿曾写到：“……全部过去的平均价格指数的经验表明，除非线态窄幅区间盘整是工业和铁路两个平均价格指数同时出现，否则就非常容易产生欺骗性。”（1916 年 3 月 20 日）

在 1926 年平均价格指数处于高价位状态时，汉密尔顿认识到了需要放松对“线态窄幅区间盘整”界限的规定，并宣布，“这里应该说的是，考虑到平均价格指数的高价位，尤其对工业组的平均价格指数，我们对线态窄幅区间盘整的界限的规定上应该有更大的回旋余地。”（1926 年 10 月 18 日）

从汉密尔顿在 1929 年 7 月 1 日对价格运动讨论文章的如下片段可以看出，汉密尔顿把 1929 年春季的市场状态看做是一个“线态窄幅区间盘整”：“将会明显看到，这剧烈而大幅的波动，特别是工业平均指数，已经实际在总体上进入了股票的派发期，这与平均价格指数在低价位所形成的‘线态窄幅区间盘整’并非完全不同。‘线态窄幅区间盘整’可能是股票的收集，也可能是股票的派发，无论是向上或者是向下突破，过去的记录表明，都会导致重大波动。现在，在如此高位，市场的派发时期在更宽阔的区间里波动，是可以理解的。两个平均价格指数攀升到这个区域之上，就清楚地表明大量的股票不但被派发掉，还被有效地吸收了，推测是投资者和能为他们购买股票出资金的人，把股票从市场中买走了。”（1929 年 7 月 1 日）

对研究者来说，查看 1929 年这一时期的日间波动也会是十分有趣的，1929 年 9 月，恰在后期牛市到达高点之后，只有极少数的交易者预计将到来震惊世界的崩盘，汉密尔顿发现了一个“线态窄幅区间盘整”，当时，铁路和工业平均价格指数在顶部价格的 10％之内波动。1929 年 9 月 23 日，汉密尔顿在《巴仑周刊》发表了他的看法，在文章中的一部分，汉密尔顿讲：“虽然对道氏理论的原理的合理性没有质疑，可是随着工业平均指数达到 300 以上，就要有更大的变通灵活性。在道氏的年代，平均价格指数形成道氏称为一个‘线态窄幅区间盘整’，其波动的幅度是几周内都是处在 3 点的幅度之内。……可是，现在处在高价位的工业平均指数，可以确定地设想其派发和收集的区间要变宽。”

以本书作者的观点，认真考察研究“线态窄幅区间盘整”的区间宽度和成交量之间的关系，将会是有趣的并且有很大的作用；利用报价机提供的数据或许能找到它们之间更好的联系。股票的整体成交量是市场力量代表的主体，力量越大，由此而产生的行动和反作用就越大。我们已经注意到“线态窄幅区间盘整”有这样的倾向，在接近牛市的顶部的“线态窄幅区间盘整”的区间会变宽，成交量也会变大；另一方面，在靠近市场的底部，或市场处于交易的沉闷时期时，形成的“线态窄幅区间盘整”会相应地区间变窄。

第15章

成交量与价格运动的关系

道氏理论

当市场处于超买状态时，就会在上升中表现出呆滞乏力，而在下跌中表现出活跃的动力；反之，当市场处于超卖状态时，就会在下跌中表现呆滞乏力，而在上升中表现出活跃的动力。牛市，会以市场中相对较低的成交量开始，而以市场的过度活跃而告终。

关于市场活动与价格运动的关系，在汉密尔顿的文章中有很多自相矛盾的说法。他反复地告诉读者，除了平均价格指数的运动，其他均可不予考虑，平均价格指数甚至消溶和评估了股市活动。然而，许多年来，汉密尔顿似乎一直在运用成交量。而且，特别是他通过比较交易活动的活跃程度所得出的结论，都是经过深思熟虑并证明是有效的。

尽管有可能使读者感到困惑，最好还是引用汉密尔顿关于否认成交量的用处的言论，再展示他不断地使用成交量这个数据来对他的问题进行概括总结，然后得出其结论。

下面是他反对用考虑市场的活动性来得出结论的文章片段：

“……应该说，平均价格指数，就其本质而言消溶了一切。呆滞和不活跃只是一种征兆，对平均价格指数来讲是一种许可的现象，正如市场活动、意外消息、红利和其他等因素，这一切都对市场价格波动有影响。这就是为什么成交量在这些研究中被忽略的原因。在 25 年的道・琼斯公司平均价格指数的价格运动记录中，成交量与价格的趋势没有多少

可以觉察出的关系。”(1913 年 6 月 4 日)

“平均价格指数看来好像要上升了，虽然一些研究者也许会提出理由说，成交量太小，降低了这种变化应有的重要性。然而，现在的趋势已经明显是牛市。至于成交量，在这样的一些研究中，我们还是忽略为好，这样做的理由是，像一切其他的考虑因素一样，对于任何长期的大型的价格运动而言，都是可以不予考虑的。”(1911 年 4 月 5 日)

1911 年 1 月 5 日，汉密尔顿写道：“在这些研究中，我们还是不考虑成交量和交易的特征为好，相信平均价格指数本身已经公正地接受了这些因素的影响，就如同接受一系列的事故、交易环境、资金市场的情绪、投机公众的性情，甚至是投资需求特点的影响一样。”可在前一年的 10 月 18 日，汉密尔顿说：“这次上升的一个显著特点，就是随着连续的每日价格的上升，成交量不断增加。这样的价格运动，会以一天或两天的显著的巨额放量交易达到顶峰。可是，对平均价格指数的分析，实质上是所有这些因素和其他因素的反映。”汉密尔顿所言的后半段，是一种颇为有趣的矛盾讲法。虽然汉密尔顿声称平均价格指数消溶了市场活动的重要性，但很明显汉密尔顿还是受到了成交量的影响。

作者试着猜想，汉密尔顿之所以会在这样重要的问题上有如此态度，其原因之一是他没有相关的数据资料来研究市场活动与价格运动之间的关系。这样的推论从他在 1910 年写的文章片段来看是合理的，“我们都知道有很多理由支持把成交量与平均价格指数运动同时考虑，可是实际上，这种方法存在缺陷。**要进行任何这样的数据比较，就需要有长达 25 年的时间里每天的成交量数据**。与此同时，我们也许就能发现平均价格指数本身，或早或晚都会消溶成交量的影响，就如同消溶其他因素影响一样[①]。”关于这一点，在汉密尔顿的《股市晴雨表》中，你会有趣地发现一张图，图中包含有平均价格指数每月的价格变化范围和每月的日平均成交量。如果汉密尔顿当真认为研究者不需要对成交量予以考虑，那为什么还要在图中包含成交量呢[②]？

当计划写作本书时，作者就决定不背离汉密尔顿对道氏理论的解释。可是，在为获得熟练掌握预测市场趋势的技巧中，成交量已被证实具有非常有价值的参考作用，所以有必要对所有的研究者强调，应该专心研究成交量与价格运动之间的关系。提出这样建议的理由，就是由于汉密尔顿在形成他的结论时，不定期地、但却是成功地利用了市场活动和价格运动的关系。

有一次，在接近牛市结束的时候，汉密尔顿注意到成交量在增加，可是这些过多的市场活动没有能使价格上升，汉密尔顿对此发表了意见。他对这种情况的运动机理进行了比喻说明，这也是他所喜欢使用的解释方式：“经济轮船的最大行驶能力，就好比对于一个 2000 吨的蒸汽船来讲，日消耗量 100 吨煤，也许能以 12 节的速度行驶，要达到 13 节的速度，一日煤消耗量要 130 吨，而要达到 15 节速度的力量，就可能要 200 吨煤。……也许就像自然规律一样，当市场的‘经济轮船的最大行驶能力’已经达到时，要在速度上增加

---

① 引用段落中的黑体部分，是本书作者出于强调之意，将汉密尔顿原文的片段变成黑体。

② 作者从获得日成交量数据的经历中得到启发，也许能说明为什么汉密尔顿没能在经常的平均指数运动的市场评论中利用日成交量的指标。为了个人的研究和为出版平均指数图准备资料，需要得到完整 35 年的日成交量的数据，作者曾努力想从大型的统计机构、各类报纸，甚至是纽约股票交易所获得数据资料，可是似乎谁都没有日成交量的数据。这就表明需要研究《华尔街日报》的每日的档案资料，这也是为了获得完整的记录最终可行的方法。对于成交量的记录除了日成交量外，其他数据都能获得，像每日的平均成交量、每月交易总量等等，可就是没有每日的成交量。因为出版平均价格指数图涉及到了日成交量，几乎每周作者都会收到通常是来自华尔街的统计学家或机构要求得到日成交量数据表的请求。

一点点，至少要操作的机械师们消耗掉大量的燃料。”（1909年1月21日）

考察数年来的平均价格指数的日间波动和成交量的关系，显示出在牛市或熊市中，当市场走出新高点或新低点时，成交量总是有增加的趋势。而且成交量的增加会频繁地连续进行，直到显示将有短暂的反转运动的运动极点为止。汉密尔顿辨认出了这种现象，这一点在1908年7月21日的文章中有所表明：“这次跨越前期的高点，通常意味这是股票市场的牛市波段。还可以注意到把现在的价位与5月18日的价位比较，市场有了更广泛的参与性。”

毫无疑问，在对平均价格指数运动的解释中，汉密尔顿认识到了成交量是一个很有用的因素。下面从他文章中节选的段落，就证明了这个结论：

“市场的研究者，从这些记录中能看到另一个好的标志，忽略那些认为是外界的因素不论，像关税的修改和工业状况等，成交量是在稳步地伴随着市场的上升在增加。这通常是一个好的显示，即股市中没有太多的股票可售。处于超买的市场会很明显地表现出，交易在小的上升浪中会变得沉闷，而在下跌浪中就会变得活跃。”（1909年3月30日）这是汉密尔顿进行的一次精确的牛市预测文章的一部分。

在1909年的春天，当经历了3个月的上升，自然要发生次级回调时，汉密尔顿在5月21日写道：“在回调中，市场已经变得沉闷和更加窄幅地波动。”汉密尔顿认为回调的总量要小于2%，而且成交量显示上升趋势还会重新启动。后来的实际情况正是如此。

在长期牛市接近尾声的时候，每当有小的回调发生时，都会被当成可能是熊市的开始。此时，一个很大的下跌发生了，在这回调的下跌中，成交量下降了约50%。汉密尔顿警告他的读者，不要在市场中卖空股票，因为在回调中，成交量在消失。汉密尔顿宣称："成交量的减少有各种各样的含义，有一个华尔街最常引用的老生常谈，其大意是永远也不要在沉闷的市场中放空。此告诫也许是对的时候比错的时候多些。可是，在较长的熊市中，这句话总是错误的，在下跌趋势的波动中，市场倾向于在上升时变得沉闷，而下跌时变得活跃[①]。"（1909 年 5 月 21 日）

一次，在牛市中创出系列新高时，汉密尔顿认为有极好的理由支持这次运动，因为"市场在周一和周二创出新高纪录，而巨大的成交量足以赋予此次运动以重大的意义"。（1909 年 5 月 21 日）

在 1910 年 9 月的熊市中，当许多人认为已经出现了牛市的开端时，汉密尔顿却认为市场到了熊市次级反弹的顶部转折点。在当时，平均价格指数没有显出弱势，可是下降的成交量显然让汉密尔顿认为这只是个反弹，他写道："在如今的熊市中，平均价格指数快速地反弹到 8 月 17 日的价位水平，可是这次反弹或者说是上升波段，其上升的力量在市场运动和成交量上都在消失，我们依然是处在毫无希望的市场的萧条期。"（1910 年 9 月 20 日）

另一次，汉密尔顿解释了专业人士对于突然增加的成交量造成的在熊市中的剧烈反弹，是如何持有怀疑态度的，"对于专业人士，他们也许认为，如果市场在反弹前，有相当长的时间，市场在低价位一直是沉闷和不活跃的，那么其后的反弹的意义会更重大些"。（1910 年 7 月 29 日）

---

① 在对 30 年的股市预测记录的研究中，很显然，汉密尔顿是能够经常给其读者以市场"忠告"的人。人们可以想象汉密尔顿可能也愿意展示其技能，并由此而使其读者获益。可是其所在地位的尊严却阻止他这么做，汉密尔顿反复说过，他的报纸决不会贬低身价去和"提供内幕消息的庸俗报刊"竞争。

在汉密尔顿下面的议论中，给出了很好的忠告："看来在上升的过程中，股票已经被大量地派发，可是，股市的技术走势显示，这些股票都被很好地吸纳了。市场在沉闷中进行小的回调，而在任何重新开始的上升趋势时，市场会变得活跃。对于任何专业人士，他们都知道，这就是买方力量强大的很好显示。"（1911 年 2 月 6 日）

和场内交易员重视成交量一样，汉密尔顿写道："几天来，至少是那些积极主动的交易员们会发现，价格在下跌时，交易活跃；而在上升时，交易却显沉闷，所以他们站在了市场空头的这一边。"（1911 年 5 月 4 日）

在 1911 年，明确地看到了汉密尔顿关于市场活动对价格运动的重要性的言论记录："在对价格运动的研究中，市场的惰性和活跃性有同样的价值，而且常常是对未来重要变化的更加基本的特征的重要显示。"（1911 年 7 月 14 日）

在一次剧烈下跌的前两天，汉密尔顿的一篇文章出现了下列言论："市场回调上升的交易趋向于停滞，而只有在下跌中交易才变得活跃。对于专业人员来讲，这是熊市继续进行的相当明确的显示。"（1911 年 9 月 9 日）

1921 年的熊市低点是分别在 6 月和 8 月走出的，汉密尔顿所指出的转折点与市场的真正底部的差距仅在 4 个点之内。在随后的 11 月 30 日，注意到市场在下跌时变得沉闷呆滞，汉密尔顿不经意地对进一步放空的做法提出警告："华尔街一句古老的座右铭之一，是'绝不要在沉闷呆滞的市场中放空'。熊市中的反弹是快速的，可是有经验的交易员会在市场反弹之后变得沉闷呆滞时，明智地再度出手放空。反过来的牛市中，情况也完全一样，交易员会在市场回调变得沉闷呆滞时，买进股票。"

对平均价格指数的图表运动和日间交易的彻底研究表

明，牛市的成交量要大于熊市的成交量，并且，在牛市中的次级回调，当下跌之后成交量减少时，一般可以有把握地假定，市场至少是暂时处于超卖之中，最经常的结果是上升浪可能即将发生。另一方面，当熊市中发生次级反弹时，伴随着上升中的活力消失，就有理由得出结论，市场是超买了，如果市场趋向于在下跌时明显增加了活力，进一步的下跌趋势运动就近在眼前了。

虽然就成交量本身而论，汉密尔顿从未提及成交量的极限点，但图表的研究者都能看到，对于次级运动的重要转折点，通常的信号是成交量的急剧增加。

在强调成交量的重要性的同时，作者无意于传递这样的想法，那就是成交量与工业和铁路平均价格指数的运动具有同等的重要性。工业和铁路平均价格指数永远被看做是最具根本重要性的，相比而言，成交量具有次一级的意义。可是在研究价格运动时，绝不应该忽视成交量。

第16章

双顶和双底

道氏
理论

“双顶”和“双底”在价格运动的预测中，价值不大。市场已经证明，其假象远比正确的时候多。

汉密尔顿不止一次声明，他认为从“双顶”或者“双底”得出的推论没有多大的重要性。有趣的是，不知道是谁首先让大众认为“双顶”和“双底”这样的现象是道氏理论的组成部分。

每当一个市场运动接近一个前期的高点或低点时，如果一个“双顶”或“双底”形成，我们肯定会读到从中得出的大量的无用于投机的评论。这样的评论常常是以如此的句子开头的，“根据道氏理论，如果工业平均价格指数形成‘双顶’”，等等。道氏理论的研究者都知道，单从一个平均价格指数是不能得出恰当的推论的。而且，两个平均价格指数同时形成“双顶”或“双底”是极少发生的。还有，即使同时发生了，也不过仅仅是一个巧合而已。如果把 35 年来的重大次级运动做个清点，就会发现只有极少的数量是以“双顶”或“双底”结束的。

当平均价格指数接近前期的高点或低点的关键时期，道氏理论的研究者，不应把寻找“双顶”或“双底”作为趋势变化的线索，而应采用更好的做法，即牢记如果两个平均价格指数都没能冲破前期的高点，就意味着市场会走低；而如果两个平均价格指数都没能跌破前期的低点，就表示随后的市场价格会走高；而且，如果只是一个平均价格指数冲破了前期高点，或是跌破了前期的低点，而没有得到另一个平均价格指数运动的相应的确认，那么，从这个运动中得出的结论可能会证明是错误的。附带提一句，对照标准统计编年史公司（*The Annalist and standard Statistics Company, Inc.*）的价格图，股票的平均价格指数显示，在其中的一册汇编中，一个平均价格指数会偶尔出现“双顶”或“双底”，可是同时，另一个平均价格指数却没有明显的形态出现。还可以指出，汉密尔顿在1926年应用了“双顶”理论，得出了牛市已经结束的错误结论。事实上，汉密尔顿如此热切地想给他的观点寻找根据，竟然到了单独使用工业平均价格指数的一个“双顶”为理由的地步。

还有一点值得注意，虽然在熊市结束时，有几次是出现了“双底”，可是，汉密尔顿明显不把这样的现象当做是“趋势转折”的重要特征。

看一下在62页的图表，这是道·琼斯平均指数9个熊市的结束形态。可以得出结论：有3个可以说是只有一个平均价格指数形成了“双底”，3个是两个平均价格指数都是“双底”，而余下的3个是没有显示出“双底”的形态。

在1899年和1909年，两个平均价格指数都可以讲是分别在牛市的顶部形成“双顶”，可是在其他的7个主要上升趋势结束时，却没有发生“双顶”的现象。然而，事实上，有许多重要的次级反应运动是以“双顶”或“双底”结束的。例如，在1898年秋天，在牛市中的一个大型回调，两个平均价格指数都是以“双底”结束，随后是强力的上升；另一方面，在1899年的春天和夏季，一组完美的“双顶”给出了误导的假象，因为市场很快就突破这些高点继续上升，上升的幅度之大，对于根据这些“双顶”而放空的人们简直是灾难。在 1900 年初的熊市中，工业指数显示出了“双顶”，铁路指数没有进行确认，可是后来被证实是一个重要的次级反弹的结束。在 1902 年的熊市中，两个平均价格指数都做出了“双底”，让相信“双底”的人们看成是牛市的到来，可是，这些“底部”不久就被突破，发生了在历史记录中的最猛烈的暴跌。

在 1906 年市场的高价位处，铁路平均价格指数形成了一个完美的“双顶”，随后伴随着剧烈的下跌。在 1907 年的春季和夏季，在一个次级反应运动中，“双顶”和“双底”均出现，其顶部没有被突破，可是没有几星期，底部就被一场下跌突破，在此次下跌中，工业平均价格指数的跌幅超过了 30%。在 1911 年的春节和夏季中，两个平均价格指数都出现“双顶”，随后是工业指数很大的下跌，而铁路指数却下跌不大。在世界大战前的熊市中，两个平均指数都在距离市场底部的 12%范围内做出了“双顶”。如果交易者见此就放空，其结果就是损失，而小心谨慎的交易者也许会等到已经下跌了几个点之后，再把这个“双顶”看成是明确的信号，来进行放空交易。

对于平均价格指数有许多这样类似的表现而言，如果研究者对这个题目进行悉心的分析，就会得出确定的结论，那就是从“双顶”或“双底”理论得出的推论，与其说是有所帮助，不如说误导的情况居多。

在 1930 年的 7 月和 8 月，在我们最大的熊市中，两个平均价格指数都形成了完美的“双底”。这个对于下跌趋势的阻力表现被许多的金融文章的作者热切抓住，宣布熊市的结束。可是，不出几周的时间，主要的下跌趋势重新启动，工业平均价格指数在 90 天内就损失了 60%。还有最近的，在 1931 年的冬季到 1932 年期间，工业和铁路平均价格指数中都出现了“三重底”，可是市场还是以毫无疑问的方式，不久就重新启动了下跌的趋势。

总之，可以讲，对于“双顶”和“双底”，10 个中有 9 个并不具有投机者所赋予的“顶”或“底”的意义。

第17章

个　股

道氏理论

对于活跃的和发行广泛的美国大公司的股票，一般会与平均价格指数同步地上升和下跌。可是，对于任何一只个股，其表现可能会与由多个公司所构成的股票平均价格指数有所不同。

研究价值的投资者，也许能很好地了解某些公司的价值和赢利能力，可是，如果他不理解市场趋势，那么他将不会是一个成功的投机者。之所以如此断言，是因为正常的股票，无论其内在的价值或赢利能力如何，一般都会在牛市中上升，在熊市中下跌。虽然由于公司的具体状况不同，其股票的上升或下跌的程度与一组代表性的有价证券的波动程度相比，会有或多或少的不同。

每一个经纪人都知道，在熊市中，有许多客户会根据自身对诸如股票的红利记录、市盈率和充裕的资金状况等因素的判断，来坚持购买一些可靠的股票。在购买了股票之后，在持续的卖压下，可能会使股票的报价不断下跌，迫使股票的购买者达到了厌恶难耐的程度，从而卖出了股票。到了这个时候，他已经忘记了当初购买这些股票的理由，转而把遭受的损失归罪于“熊市”。可是，这不是熊市的过错，错之所在，只在他自己本身。因为如果他购买股票是出于股票本身的可靠价值，真正把购买股票当做投资看待，那么，股票的价格变化并没有改变他在这些公司所拥有股票的份额比例，这一点，无论股票的报价如何变化都改变不了。可是如果一位投资者希望以有效率的方式使用其资金的话，他就必须像理解公司的资产负债表一样了解市场趋势。

接下来，有这么一位不成功的投机者，他不懂，也不想懂什么是资产负债表。还有，他对市场趋势一窍不通，愚昧或是懒惰又导致其不肯学习。他购买股票的根据，是因为他突然发现股票的价格已经比他的朋友们曾经告诉他的“好买入点”低了许多。对于这样的投机者，一段时间之后，亏损是必然的事。

让我们返回到基本的论点上，当道·琼斯平均价格指数正处在下跌的时候，一只个股却在上扬，并且保持了其上升的态势，这种情况确实是罕见的；相反，当平均价格指数上升时，有个股下跌，这也是绝少发生的。投机新手只要把平均价格指数的日间表现，与任选的10多只股票的日间价格波动相比较，就能确认出上述观点的正确性。

第18章

投机交易

道氏理论

一个男人结婚是投机，去参加战争是投机，而花钱送他的儿子去上大学也是投机。做父亲的推测儿子具有良好发展的气质和专注的能力，而供其上大学，就像商人对气候和他的顾客的购买力做出推测，为秋季的销售而购进大衣。我们要批评这样的投机活动吗？不，因为在这些情况下，有智慧地进行投机活动是容许的。具有才智的投机者绝不能和交易所里的害人虫混为一谈、相提并论。害人虫不务交易正业，只是把市场当成随便嬉水的游戏场所。而在交易中随便嬉水的人会输钱，这几乎已成为公理；而具有才智的投机者，即使没有成功，也会至少把他损失的总量控制在他可以承担得起的范围之内。

《巴仑周刊》曾经引用过杰西·利弗莫尔的话："所有的市场运动都有合理的原因。除非一个人能预测未来事件，否则，他投机成功的能力就是有限度的。投机就是一种生意，它既不是猜想也非赌博，投机需要艰苦努力地工作，而且要做大量的艰苦努力的工作。"

投机既是艺术也是科学，其道德性经常会受到质疑。可是无论对与错，投机活动对于任何文明国度的经济发展都是极其重要、必不可少的。没有投机，我们横贯大陆的铁路线也就永远难以建成，我们今天也就不会拥有电力、电话、无线电收音机或飞机。绝大多数人由于购买了涉及无线电收音机和飞机制造业的股票，都有遭受亏损的不愉快的记忆，可是对于认购了那些后来半途而废公司的股票的人，直接或间接地，都为那项工业的进步而做出了一份贡献。

投机，即使是猖獗的投机，也有其利用价值，因为当股票的价格以惊人的速度盘旋上升时，就容易为新兴企业筹措资金。通过这样的途径获得资本，使得许多传统的商业也得到了发展。我们伟大的西部各州的开发，在很大程度上就是这种投机活动的结果。汉密尔顿认为投机和良好的经济状况是血肉相连的兄弟，在下面的摘录中就有所指明："股票投机的自身能产生真正的信心，这种信心能刺激总的经济的扩张与发展。这正是从另一种方式来讲：股票市场是一个晴雨表。它不是根据当天的消息而动作，而是依据经济世界的综合智慧所预计到的前景而动。近期较好的总的经济预期是积极的和可信赖的。"(1922 年 5 月 22 日)

投机和赌博的区别难以界定，因为投机需要像赌博那样冒险，就像一些赌博含有投机的因素一样。《韦氏辞典》讲，投机就是怀有赢利的预期，利用价格的涨跌进行买进或卖出的活动；或者是为了有机会获得超乎寻常的高额利润，从事有风险的商业活动。这个定义完全适用于股市的保证金交易。同一本辞典给出的赌博定义是，为获得金钱或其他赌注而进行的游戏活动，或者对某些事孤注一掷的行为。根据这个定义的严谨含义，若一个投机者买进 100 股钢铁股票，然后在成交价格之上的两个点设一个止赢卖单，而在成交价格之下的两个点设一个止损卖单，这也可以被认为是在赌博。肯定许多交易员认为这样的交易是赌博，而不是投机。股票市场圈子里的经纪人，在解释投机和赌博的区别时说，当一个人在赛马比赛中赌一匹马赢时，他的赌注不会对他下注的赛马的速度有丝毫的影响。可是当他在纽约股票交易所买进或卖出 100 股钢铁股票时，不管他是否认为他是在赌博，他的 100 股的股票买卖肯定会影响这只股票的价格。一场精心策划的对钢铁股票的突袭活动，也许就会使钢铁股票遭到打压，而这样的突袭行动就会是一次成功的投机，而非赌博。我们国家的法律总的来讲是准许投机，而谴责赌博。

没有数学公式能给出一种成功的股票投机方法；也没有任何固定不变的规则，能让一个交易者执行后，将使他永远在股票交易中赢利。在另外一个方面，一些规则和理论对投机者肯定能提供极为珍贵的帮助，而道氏理论也许就是最佳的选择。如果本书没有概括出一种根据道氏理论来估量市场趋势的方法，那就没有达到本书之目的。可是，本书的读者必须要清楚地理解，应用道氏理论是需要时间和因人而异的。除非投机者能用无限的耐心和自律去实践，否则道氏理论是不能阻止他输钱的。任何一个交易者应用道氏理论时，必须独立思考，必须始终根据自己的结论去行动，当然，要小心，不要让你的愿望影响你的判断。根据你自己的结论，交易犯了错误，相对而言，比起只是靠猜测而犯错误肯定是好得多，因为这样他就能从所犯的错误中学习为什么犯了错。信赖自己的能力和努力工作，是成功投机努力中必不可少的基本因素。其中投机成功的比例大概是 20 个人中有 1 个人能成功。

几乎每一本投机方面的书籍都会阐述一些对于投机成功的至关重要的原则，所有这些原则一般都是经过深思熟虑的，可是，只有杰出的人才能从其他人的忠告中获益。因此，试图解释随着股票价格上升，不断追加买进的金字塔式交易法的危险性，也许是无用的。也许是能赢得暴利的诱惑促使交易人士去尝试金字塔式交易，而只有痛苦的经验能使他信服这种市场操作拥有一种与生俱来的实际风险。

汉密尔顿认为，买进股票后，在价格上升之后进行加仓操作比为了降低买进股票平均价格在价格下跌后再买进的做法好很多。这是一个值得牢记的忠告。除非交易员认为一只股票将要上升，否则他决不应该买进这只股票。当然，也有一些人会在下跌的市场中购买股票，然后就放到一边，作为永久性的投资，这样的股市操作也是无可非议的。

一个交易者首先必须明白的是，如果遭受损失的话，他的股票买卖应该要始终限定在他可以负担得起的损失额度之内。曾经有一个年轻的投机者对一位交易老手讲，他的投机仓位让他不安，夜里都难以入睡。这位交易老手的忠告是："减少你的仓位，一直到你能安然入睡为止。"

汉密尔顿经常讲，在华尔街，大多数的意见极少是正确的。假设汉密尔顿所言正确，那么，对于一个理解了道氏理论的交易者，如果市场的行为指示他放空股票是明智之举的话，即使华尔街的牛市情绪冲天高涨，他也不应该有丝毫犹豫而不去放空。许多时候，当华尔街身处牛市时，汉密尔顿会评论说，简直是有太多的同道中人站在了积极的这一边；而在另一些时候，当公众的意见极度看空股市时，汉密尔顿会告诫他的读者，有太多的同道中人处在熊市的一边，而道·琼斯平均价格指数正在告诉大家，股市也许已经处于超卖状态中了。汉密尔顿似乎能够利用他所理解的道氏理论的方法来衡量股市，并且预测其后续的行为，就像一个优秀的医生一样，在检查了一个病人的体温、脉搏和呼吸的记录图之后，就能预计病人的康复过程。

然而，即使是最有能力的投机者，也会偶尔遭遇一连串的意外事故，把周密的计划搞得完全无效或毁掉。很明显，没有什么系统和理论能够考虑到旧金山的大地震，也没有任何理论能顾及到许多年前的芝加哥大火灾。

统计当然是有价值的，可是它们必须永远从属于市场是靠平均价格指数反映的观点。因为那些把自己局限在以统计作为市场的指导的人，从来就没有被证实是真正的预言家。马克·吐温好像曾经说过，“谎言有三种表现形式：说谎，该死的说谎，另外就是统计”。

任何人如果总想一直待在市场里，他几乎肯定是要亏损的，因为有很多时候，就连老练的交易者也会对市场下一步的动向感到疑惑。一条很好的市场公理是，“有疑问的时候，什么也别做”。还有，如果交易者在对市场趋势的判断上犯了大错，遭受了重大的损失，他就应该彻底离开市场，待在场外，直到恢复理智与镇定。

唯有场内交易员才能成功地投机于在任何市场中都经常发生的微小的升、跌波动。在市场的次级反应运动中，场内交易员比场外的交易者具有全面的优势。利用这些转折点交易是场内交易员分内的事，在市场变化对华尔街人士显而易见之前的很长一段时间，场内交易员就能评估市场的技术状态，感受出市场情绪的细微变化。汉密尔顿常讲：“从长期的观点来看，投机就像其他事情一样，专业人士交易赢利的次数要比业余人士频繁。”

无论是在纽约，还是在西部偏远地区，投机者在阅读市场报价时，有时能意识到交易所场内正在发生的对市场情绪的测试。在这个时候，将会注意到一些龙头股票也许会被推高，而过一会儿，又时常能看到这些股票遭受到打压，这类情况是常有的事。这样的测试结果，局外人是难以理解的。可是对于在市场中制造这些测试的人来讲，测试的结果常常会显示出公众将不会参与股票的上升时的买进，或下跌时的卖出。用这样的测试手段，专业人员就能决定出市场在特定的时间是否还有上涨空间，或是否还有下跌空间。

交易佣金、交易税、交易股数少于100股的罚金、买卖间的差价，这些费用堆积起来，使对于沉溺于“快进快出”交易方式的人很难有赢利的可能性。可是有许多人，他们有必要的资金、勇气和警惕，再加上对市场趋势、公司的资产负债表的无穷尽的研究，使他们获得了第一手的信息资料，以此也确实使得他们能够克服这些交易的不利因素①。没有几个投机者肯花力气去计算赢取惊人利润的微乎其微的可能性。唯一可能战胜这些不利因素的途径是理解市场趋势和股票价值，并且遵循汉密尔顿的忠告：投机者应该学会快速止损和让赢利奔跑。汉密尔顿认为，骄傲且固执己见比起其他单一因素来讲，更有可能是造成损失的原因。

回溯到1901年，道氏在撰写一篇论述投机的文章中曾说：“对于想投身于股票交易的人来讲，无论资本的多与少，从长远角度看，如果抱着每年12%的资本收益要比抱着每周50%的资本收益，其结果会好出许多。每个人都知道这一点适用于私人企业，可是，一个精明谨慎地经营商店、开工厂，或经营种植园的人，好像却认为在股市中应该使用完全不同的方法，真是大错特错。

没有人能对一个明显的事实给出令人满意的解释，那就是为什么有许多成功的商人、企业家，或者酒店的拥有者，会把他们多年的财富所得冒险投入到股市这一项对于他们来讲是一窍不通的生意上。这些人几乎总是认定股票交易不需要什么知识和学习研究。虽然他们在拓展自己的生意时，在没有经过详细讨论各种可能发生的投资回报的后果之前，是绝不会冒风险进行大规模投资的。即使他们与一些咨询服务机构签署了服务协议，他们还是常常根据交易所里的内部消

① 1932年投票通过的“联邦和纽约州增加股票买卖交易的税收法案”，极大地增加了交易者们在税收上的不利条件。

息和流言蜚语进行交易。可是，假设他们真是按咨询服务机构的建议交易股票的，那可真是个例外，尤其是当用户对经营咨询服务机构的人员的能力，及过去多年中其市场预测的准确率进行了彻底的调查之后。事实很显然，如果这些咨询服务机构所提供的交易建议，其效果像他们经常讲的那样好，那么这些经营咨询服务机构的人们，还不如就把他们在服务机构的大量投资直接地投入市场交易为佳。

那些“暴仓”的投机者，通常没有像对待他自己的生意那样，对于同样的风险和资金投入，花费足够多的时间来学习投机艺术。这些人很少承认是自己的无知导致了自己的亏损。他们更愿把损失归罪于“华尔街”和“熊市”，认为受到了其神秘方式的欺骗而损失了金钱。他们没有认识到，成功投机比任何其他专业都更需要勤奋、才智、耐心和纪律性。

业余投机者如果能清楚地明白专业人士实际上所能达到的收益水平，也许会少损失些金钱。一个合理的设想是一个场内交易员，以 100 万美元为投机基金，经过若干年后，会满足于每年 20％的基金增值。是否真有许多人能做得这么好还真是个疑问。可是，一个以 2500 美元操作的人，却不会满意于 20％的增值了，他冒险投入一个他一无所知的游戏，却满怀信心地期待自己做得要比 20％的增值好得多。几个投机老手，他们都在华尔街积累了巨大的财富，认为若以几年时间为考量，比较合理的平均年增值率是 12％。资金以 12％的复利增值，6 年之内资金就将近翻倍。可是，对于肤浅轻率的投机者，长此以往，根本难以指望能达到这样的程度。

第19章

股市哲学

道氏理论

汉密尔顿有种本领，能根据他多年来对华尔街习性的观察积累，用简练的评论和充满市场智慧的只言片语，给技术分析平添了几分趣味性。汉密尔顿这方面的言论与道氏理论的关系不大，或者根本没有联系，可是，回顾他的言语，不能不让人对汉密尔顿的市场观察印象深刻。也许，汉密尔顿是在切中要害地反复强调一些他认为对读者非常有用的东西。在某些场合，对某些编辑写的一些金融方面不明智的文章，他会委婉地表示轻蔑。偶尔，在收到订户一些愚蠢的来信时，他会用一些人们所熟悉的比喻来回复。无论如何，下面这些从汉密尔顿的文章中挑选出的具有典型意义的片段，极具阅读价值。

在一次熊市中，一些编辑把一个典型的次级反弹，宣称是牛市开始的第一阶段。汉密尔顿不同意这样的说法，他写道："一燕不成夏；仅一次的反弹……并不能成就牛市。"(1908 年 7 月 8 日)

另一次，一些内部消息的服务机构，在牛市的最后阶段都预计还会有大行情到来时，《华尔街日报》的读者受到警告说："树不会长到天上去。"(1908 年 12 月 23 日)

"听到某些著名的商号成了股市借贷款群体中的放贷大户时，真是非常有趣，但也不无启发，这也许意味着卖空的兴趣。可是，这决不意味着那些借贷的人们如果选择想要交付股票却办不到。确实，如果他们要想卖出更多的同一类股票，就会想法制造一个脆弱的卖空的账户假象，以期取得优势。经验丰富的华尔街老手对这样的征兆是持怀疑态度的。”(1921年8月25日）这是一次在一些作者根据一则赫赫有名的放空广告，而非常有信心地预测市场会上升时汉密尔顿的所言。这段话里含有极强的市场逻辑。

当股市处在离1921年的低点不到3点时，汉密尔顿说道：“大量的智慧之语和现代的例证说明，投资者绝少在市场的底部买入，也极少或绝不在顶部卖出。廉价的股票从来就没有吸引力。这不是自相矛盾的荒谬说法，而是基于市场的事实记录。如果廉价的股票具有吸引力，那么今天的市场就应该是活跃的，有感兴趣甚至兴奋的公众……现在市场中没有足够的……市场参与者。”(1921年3月30日）

在讨论一个认为自己是以价值和收益而买进股票的投资者的态度时，汉密尔顿写道：“他也许有钱买进股票，可是心里却总是惦记这只股票，他认为必须在每天的早晨都要阅读股票的价格。”当他看到他的股票下跌了几个点时，“他就说他要止损了，并且要牢记教训。他对教训的理解完全错了，他忘记的不是他的损失，而是他买进这只股票的理由。”(1921年3月30日）

对于一流的股票，为什么似乎时常出现下跌，而根据股票的收益和价值，出现这样的下跌是反常的。汉密尔顿对此做了如下解释，值得牢记，“股市中，当多头仓位的套现活动造成市场不稳定的波动时……有一点很容易忘记，那就是绩优股比垃圾股常常是更脆弱。绩优股是真正有市场的，而对于垃圾股的市场却是有名无实的市场……必须还贷套现的人们会把能以一定价格卖出的股票进行套现，原因是所持有的其他物品，什么价格都无法脱手。”(1921年3月30日）当然，这是在讲股票交易的大作手们，为了维护其贷款，而对绩优股进行大量仓位的套现。当然，毫无疑问，他们愿意卖掉手中的“不值钱的股票”，可是这在一个清淡的市场中却是办不到的。

汉密尔顿在评论自己的工作和为道氏理论辩护时说：“研究价格运动……绝大多数的错误是由于脱离了道氏可靠和科学的规则而造成的。”（1919年8月8日）

汉密尔顿经常鼓励他的读者，在剧烈的次级反应运动发生之后买进股票。一次，他写道：“……最糟的情况……这次的回退还没有超出法语中所谓的‘reculer pour mieux sauter’（后退是为了更好地向前跳跃）的限度。”（1911年7月14日）汉密尔顿有一种罕见的评估次级反应运动的能力，对于那些相信他这方面能力的人而言，如果这句得意的语句反复出现的话，那就是牛市的忠告。

在1924～1929年期间，汉密尔顿多次对投机和投资的扩张发表了评论。他注意到股票的发行范围一年比一年广泛，不仅是行业领先公司的股票持有者的数量在增加，而且是整个国家的人们都在参与投机活动，而以前这些活动大部分都是局限在几个重要的金融中心。汉密尔顿即使不是唯一，也是几个为数不多的人之一，预计到这种新的因素可能会体现在灾难性的股票套现中。下面的片段，就是在1925年写出的告诫，相同的思想在同一年和1929年股市崩盘时曾多次表达：“永远不应该忘记股市的技术状态……若要有什么意外的事情发生冲击公众的自信心，将会导致来自全国大量的股票卖出，华尔街也不能像以前那样精确地计算出股票仓位的数量范围。因为以前的持股仓位大多数在纽约。”（1925年3月9日）那些在股市1929年的顶点后的灾难性的套现中不幸被套的人们，会认识到这个预测所蕴含的智慧。

一些喜欢给《华尔街日报》的编辑写长信的读者，会提出一些从他们自己的投机分析系统中得出的，他们认为是毫无疑问的结论。对此，汉密尔顿以编辑的身份回应道："有一句话，经常说也不算太过分，那就是：对图表、系统和一般规则的教条化铺垫成了毁灭之路。"（1909 年 3 月 17 日）图表对道氏理论应用者是必备的，就如同分类账对于银行是不可或缺的一样。可是，道氏理论的研究者必须要克制自己，以避免教条化或过分地、精确地解释。我们都知道市场绝少会精确地如预期的那样表现。这就使得汉密尔顿宣称："如果市场完全按照预测所运行的话，就蕴含着十分恐怖的事情。"（1906 年 5 月 19 日）

一次，处在牛市的兴奋阶段，四处都散发着大吹大擂的繁荣气息时，汉密尔顿警告他的读者："根据各种流行的说法，我们在未来的 6 个月内会有一个大牛市，公众会把股票推向顶峰。现在明智而谨慎地派发出磨碎的诱饵，还没有吸引来大批量的鱼。"（1909 年 12 月 20 日）有趣的是，这段话是写在牛市到顶点的仅几天之前。汉密尔顿很明显地看出了那些鱼（容易受骗的傻瓜）已经吞入了有点儿超过了他们消化能力的诱饵。

另一次，汉密尔顿写道："……股票市场的长期经验表明，最佳的买入时机都显示出极为出色的伪装。还有，众所周知的'内部卖出'更表现出牛市的迹象。那些有大量股票要派发的人，通常不会在铜管乐队嘹亮的伴奏下进行。"（1923 年 1 月 16 日）这是市场新闻经常的欺骗性给我们的一种警告。假如汉密尔顿在痛苦的 1930～1931 年还活在世上，他也许就能警告我们不要去吞食那些大量提供的"磨碎的诱饵"了。当实力强大的机构派发手中持有的股票时，肯定是要尽一切努力来把股价抬高。

在 1923 年 4 月 27 日，汉密尔顿没想到"……我们被要求倾听的那些学府经济学家们……”会因道氏理论的预言而感到不安。

“……道·琼斯平均价格指数……有着所有其他预言方法都不具备的特性，它们不是总在说话。”（1925 年 12 月 17 日）这是给那些收取高价的咨询服务机构颇有价值的建议。

“每一个华尔街的交易者都知道，对于已经站在市场正确一方的交易员，在 100 点的上升过程中，若不适时获利平仓出场，而是利用他的仓位浮动利润，增大其股票买进的仓位，如此一来，无需大的价格下跌，就会让他处于比其开始还不利的位置。他通常会发现，在顶部进行了金字塔式的交易，结果只是价格的一点儿小下滑，就把他扫荡一空。”（1928 年 12 月 12 日）

“牛市无新闻是华尔街的老生常谈。事实是，一旦报道出一只股票上涨的原因，上涨运动就会面临着终结。”（1912 年 4 月 1 日）

在一次熊市中，当政治家们正在批评华尔街时，被激怒的汉密尔顿写道：“看在上帝的份儿上，我们难道不能开始一种真正的美国时尚，允许我们自己击打我们自己的鼻子吗？从股票历史上来讲，很少会出现纽约股票市场没有比其他任何人都早地察觉到危险的到来，并且安全地清算了自己。”（1924 年 11 月 12 日）

汉密尔顿在《股市晴雨表》中写道：“能够举出无数的例子，来说明在华尔街输钱的人们是因为他们正确得太超前了。”

“从来就不存在所谓正常的市场。”（1911 年 5 月 4 日）

“现今，每一个人都在投机，并且根据多年的经验，普通大众的判断肯定是没法和精英人士的判断相提并论的。”（1928 年 12 月 8 日）

就在1929年牛市结束的前夕，汉密尔顿写出这样的相关段落："对于那些活跃于股票市场，按通常方式持有金字塔投机仓位的人们，大多数人都有不能被疏忽或被视为无足轻重的个人事务缠身。"（1928年12月8日）

《华尔街日报》明智地避免给出股市的年度预测这种许多家报纸所热衷的习惯行为。在对这种做法进行评论时，汉密尔顿说："作为一条法则，回顾总比预测好。新的一年还未过去一周的时间，年度预测就已经被人们忘记了。"（1929年1月1日）

在1922年5月，四处弥漫着熊市的气息：公众被告知那些股票操纵集团在出货，因为股票上涨得太快了，等等。《华尔街日报》从来没有参与这样的行为，为了能保护它的读者，汉密尔顿发表了这样的告诫："……人们都认为股票市场的'股票操纵集团'……通常不会在铜管乐队的嘹亮伴奏下卖出他们的股票。"（1922年5月22日）有趣的是，股市随后快速上升了大约5个月，期间竟没有一次大的回调。

"一个人为了投机性购买但却选错了股票，或者，更少见一些的情况是选对了股票，买进的时机却错误，肯定总是因其不周全地判断而指责其他人。他根本不把股票市场当做国家经济的晴雨表。他认为靠先阅读这晴雨表，之后再了解经济，或者根本不用晴雨表，就能赚到钱。恐怕还是无法说服他应该把研究过程的顺序颠倒一下。这一点最近已经被韦尔兹利·希尔斯所证明：要做两件事会导致无法摆脱的混乱。"（1923年7月30日）

"投机者……不能期待任何股票，除非是在最为特殊的情况下，去背离股票市场的总体趋势而上升赢利。"

关于投机活动的道德性，汉密尔顿给出了他的观点："……我认为投机活动根本就不存在什么道德问题，投机不会堕落到用别人的钱去赌博的境地。”

很明显汉密尔顿厌倦了那些要求更频繁给出市场建议的读者来信，他很长的一段时间不再给出市场建议，并给出了如下原因：“我们无意与巴布森先生竞争，或者是与那些没有太被神圣化的二流的预言家竞争。因为在《华尔街日报》上的价格运动讨论被当成了股票的内部情报，所以就被抛弃了。”

要是能知道有多少汉密尔顿的读者是根据他在临终之前几周的最后的市场预测行动的就好了。在 1929 年 10 月 26 日，汉密尔顿写道：“到现在为止，就道·琼斯平均价格指数这个晴雨表而言，从上周三（10 月 23 日）开始就已经明显显示，股市的主要运动已经转向下跌了。”这段话，是对汉密尔顿极出色的职业生涯的恰如其分的墓志铭，因为必须要记住的一点是，当时绝大多数的股市预言家们依旧还是满脑子“股市新时代”的信念。

伟大的心灵

——笃信但不盲随

笃信，
向前再跨越一步，
就会沦于迷信，盲从……
太多的“专家名绅”，
为招牌所累困，
把理论推演出理智的界限，
进入牵强附会的谬误境地……

雷亚的伟大，
笃信而不盲随，
坚定却不冲动。
即坚信道氏理论，
提炼精华，
还能修正汉密尔顿的错漏。

愿所有投机心灵，
体会雷亚之精髓，
在心灵的互通、共鸣中，
修炼更上一层楼……

——刘志刚翻译雷亚《道氏理论》感记

2008 年 5 月 28 日